QUICKCHECK ITALIAN

by
Candida De Carlo Tondo-Thie
Reiner Thie

BARRON'S

The title of the German book is *QuickCheck Italienisch*

Translated from the German by Kathleen Luft.

All inquiries should be addressed to:
Barron's Educational Series, Inc.
250 Wireless Boulevard
Hauppauge, NY 11788

Library of Congress Catalog Card No. 97-31023

International Standard Book No. 0-7641-0309-1

Library of Congress Cataloging-in-Publication Data
De Carlo Tondo-Thie, Candida.
[QuickCheck Italienisch. English]
QuickCheck Italian / by Candida De Carlo Tondo-Thie, Reiner Thie.
p. cm. — (Quick check)
ISBN 0-7641-0309-1
1. Italian language—Textbooks for foreign speakers—English. 2. Italian language—Grammar—Problems, exercises, etc. 3. Italian language—Self-instruction. I. Thie, Reiner. II. Title. III. Series: Quick check (Hauppauge, N.Y.)
PC1129.E5D4 1998
458.2'421—dc21 97-31023
CIP

Printed in the United States of America

987654321

About This Book

QuickCheck Italian contains 50 tests, each two pages in length, designed to help you evaluate your command of the Italian language and your familiarity with various aspects of Italian culture.

You can use *QuickCheck Italian* as a fast and fun way to test, increase, and improve your knowledge of Italian.

QuickCheck Italian also allows you maximum flexibility as you learn: You can take the tests in any order you choose, depending on your mood and inclination.

First, try to work through the tests without looking at the answer section in the back of the book. Then, compare the results with your answers with the key. You will also find explanations that help you understand why an answer is right or wrong.

The TIP provides you with further interesting information about the topics, additional vocabulary words and expressions, or helpful grammar hints.

Cross-references will direct you to additional information about similar topics elsewhere in the book.

Words and concepts that may be unfamiliar to you and which are not translated in the answer section can be found in the glossary at the back of the book.

We wish you a great deal of fun and success in learning with *QuickCheck Italian!*

Contents

Quick CHECK 1 GRAMMAR

Plurali

Some plural forms are irregular in Italian. How many of these plurals do you know? Fill in the blanks in the sentences below with the correct plural forms of the nouns in italics.

1. Marina, prima di mangiare vai a lavarti *(la mano)* ____________.

2. Per la torta mi servono il burro e *(l'uovo)* ____________.

3. Praga e Barcellona sono *(la città)* ____________ europee che amo di più.

4. Non posso portare queste buste così pesanti, mi fanno male *(il braccio)* ____________.

5. Negli anni '70 si sono diffuse *(la radio)* ____________ private.

6. Al mio matrimonio voglio invitare tutti *(lo zio)* ____________.

7. Ascolto volentieri *(il dramma)* ___________ radiofonici.

8. Ma dove sono andati a finire tutti *(il portacenere)* ___________.

9. Per risolvere *(la crisi)* ___________ di coppia spesso è necessaria una terapia.

10. In settembre qui sono aperti solo *(l'albergo)* ___________ più cari.

11. Roberto mi ha raccontato tutti *(il suo problema)* ___________.

12. Domani scioperano *(il medico)* ___________ dell'ospedale.

13. Non mi piacciono *(il film)* ___________ di fantascienza.

14. Dopo l'incidente Carlo non riesce più a muovere *(il dito)* ___________ della mano destra.

QUICK CHECK 2 VOCABULARY

Bastian contrario

Change the adjectives into their antonyms. To do so, choose the correct prefix from the box and attach it to the adjective.

a ☆ anti ☆ dis ☆ il ☆ in ☆ ir ☆ s

1. uno studente _____disciplinato
2. un bambino _____ubbidiente
3. un oggetto _____utile
4. un impiegato _____onesto
5. un comportamento _____responsabile
6. un'educazione _____autoritaria
7. un cameriere _____cortese
8. un movimento _____politico

9. un paese _____conosciuto

10. un discorso _____logico

11. un numero _____pari

12. una domanda _____opportuna

13. una moneta _____stabile

14. un luogo _____abitato

15. una reazione _____normale

16. un'esperienza _____piacevole

17. un vulcano _____attivo

18. una persona ____ordinata

19. un lavoro ____sicuro

Qual è il numero ... ?

Which telephone number have the callers dialed? Compare the conversations with the information from the telephone book, and write down the correct phone number for each call.

1. ... telefono da un distributore. Volevo pagare e mi sono accorto, sì, mi hanno rubato il portafoglio. C'era dentro tutto, documenti, patente, accidenti e adesso che cosa devo fare?

   ☎ ______________

2. ... ho trovato questa multa per divieto di sosta. Ma siamo matti? Il divieto era solo fino alle 4, ho controllato sa? E io ho parcheggiato verso le 5. Che cosa facciamo?

   ☎ ______________

3. ... il bambino di quelli di fronte è solo in casa. È sul balcone, cerca di arrampicarsi, ho paura che cada giù. Per piacere, fate presto!

   ☎ ______________

4. ... insomma è da ieri sera che manca la corrente. Che cosa succede?

   ☎ ______________

5. ... Senta, mi occorre un certificato di nascita. L'ufficio è aperto anche il pomeriggio?

   ☎ ______________

6. ... Mia figlia ha la febbre a 40. Non si abbassa neanche con l'aspirina. Potrebbe venire a vederla?

   ☎ ______________

Soccorso pubblico d'emergenza In caso di pericolo alle persone o di gravi calamità e qualora non sia possibile chiamare direttamente l'ente interessato	☎ 113
Carabinieri Pronto intervento	☎ 112
Vigili del fuoco Pronto intervento	☎ 115
Soccorso stradale Automobile Club d'Italia	☎ 116
Polizia Questura centrale	☎ 691111
Polizia stradale Pronto intervento	☎ 315612/315343
Polizia municipale	☎ 301014
Guardia medica domiciliare Guardia medica notturna e festiva	☎ 685811
Elettricità Segnalazione guasti	☎ 25001
Gas Segnalazione guasti	☎ 301414
Municipio Centralino	☎ 682111

Quick CHECK 4 **GRAMMAR**

Attenti al pronome

Complete the sentences with the appropriate pronouns from the box.

gli ✦ gli ✦ l' ✦ l' ✦ la ✦ La/la
le ✦ le ✦ le ✦ Le/le ✦ li

1. ● Sai niente di Cinzia?
   ▲ No, ma domani ______ telefono.

2. Signora, ______ ringrazio per l'invito, ma purtroppo ho già un impegno.

3. Allora, se vedi Enzo chiedi______ se vuole venire anche lui.

4. Da quando c'è suo fratello che ______ aiuta, Francesco va molto meglio a scuola.

5. Scusi, a che ora potrei telefonar______?

6. ● Sono in pensiero per le ragazze.
   ▲ Perché non ______ chiami?

7. Ho incontrato Sandro e ______ ho chiesto se è ancora arrabbiato.

8. Quando parla lui, tutti ______ ascoltano attentamente.

9. Se incontri quell'infermiera ringrazia______ da parte mia.

10. Quando arrivano le zie aiutate______ a sistemare i bagagli.

11. ● I miei amici non trovano casa.
▲ Come possiamo aiutar______?

In giro per l'Europa

Cristina and Mario have decided to travel throughout Europe after their wedding. Read the description of their itinerary below. Compare it with the map of Europe, and replace the numbers with the names of countries.

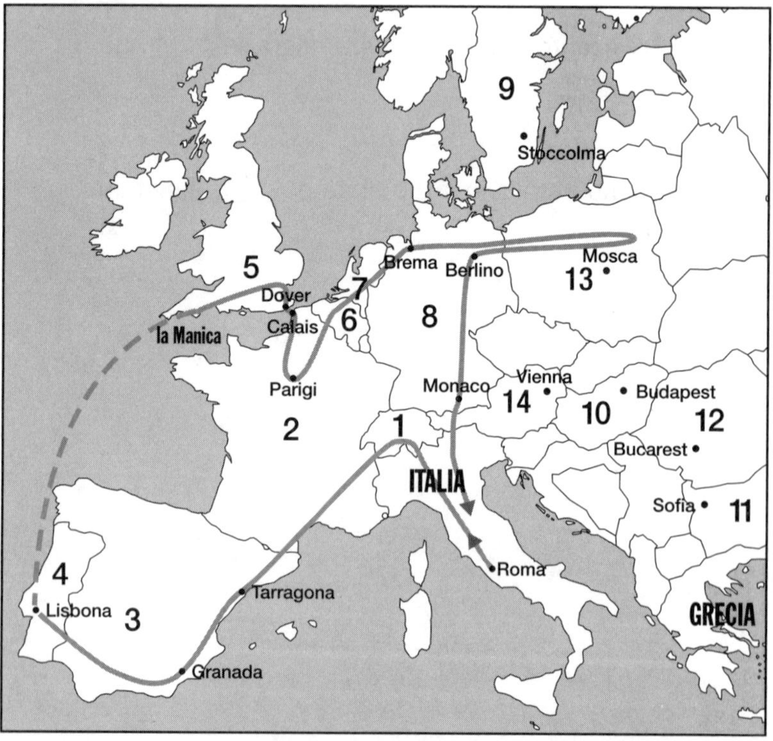

All'inizio del nostro viaggio volevamo passare qualche giorno in montagna. Perciò siamo stati prima quattro giorni in ____________________ (1). Dopo abbiamo preso la macchina per andare in ____________ (3).

Della ____________________ (2) abbiamo visto poco perché l'abbiamo attraversata senza fermarci in nessun posto. Nei pressi di Tarragona ci siamo fermati alcuni giorni in casa di amici. Dopo abbiamo continuato il nostro viaggio per l'Andalusia che si trova nella ____________________ (3) meridionale. Naturalmente siamo stati anche a Granada a vedere l'Alhambra. Dopo la ____________________ (3) abbiamo visitato per una settimana il ____________________ (4). Da Lisbona abbiamo preso la nave per l'____________________ (5), dove abbiamo dormito da parenti. Dall'_______________ (5) siamo arrivati in ____________________ (2) attraversando la Manica da Dover a Calais. Dopo un soggiorno di quattro giorni a Parigi abbiamo proseguito il nostro viaggio passando dal ____________________ (6) e dall'_______________ (7) per arrivare in ____________________ (8) dove abbiamo pernottato in una pensioncina vicino a Brema. Il giorno seguente siamo arrivati a Berlino dove ci siamo trattenuti un'altra settimana. Lì abbiamo conosciuto una coppia americana che veniva dalla ____________________ (9). Avevano fatto un lungo viaggio per i paesi del Nord e adesso avevano intenzione di visitare alcuni paesi dell'Est come l'____________________ (10), la ____________________ (11) e la _______________ (12). Noi da Berlino abbiamo fatto un'escursione in _______________ (13). La ____________________ (13) da Berlino dista appena 70 chilometri. Le nostre vacanze stavano per terminare, allora abbiamo preso l'autostrada per Monaco. Dopo Monaco ci siamo fermati a dormire in un piccolo albergo e il giorno seguente, dopo aver attraversato l'____________________ (14) in meno di due ore, siamo rientrati in Italia.

Quick CHECK 6

WATCH OUT: TRICK QUESTIONS!

Falsi amici

There are many English and Italian words that closely resemble each other in spelling and meaning. Sometimes, however, similarly spelled words may have completely different meanings. Write the translation next to each word below.

1. canteen *(place)* ______________________

   la cantina ______________________

2. firm, company ______________________

   la firma ______________________

3. camera ______________________

   la camera ______________________

4. cost ______________________

   la costa ______________________

5. library ______________________

   la libreria ______________________

6. stipend *(grant)* ______________________

   lo stipendio ______________________

7. test ____________________

   il testo ____________________

8. nun ____________________

   la nonna ____________________

9. lamp ____________________

   il lampo ____________________

10. post office ____________________

    il posto ____________________

11. factory ____________________

    la fattoria ____________________

12. police ____________________

    la pulizia ____________________

Un marito distratto

Journalists frequently tell unusual stories in the present tense, to heighten the tension. The following story, however, could just as well have been told in the past tense. When using the past tenses, you have to pay attention to the distinction between the passato prossimo and the imperfetto in Italian. Try telling the story yourself. Put the verbs in italics into the appropriate past tense form.

Dimentica la moglie all'autogrill

Se ne accorge a casa, dopo cinquecento chilometri

Dopo due settimane di vacanza al mare anche per Aurelio ed Erminia Passavanti *arriva* (1) il momento di tornare a casa. Lui *si mette* (2) alla guida dell'auto, lei *decide* (3) di salire dietro. *È* (4) stanca, assonnata, e forse anche un po' delusa per il ritorno alla vita quotidiana. *Si sdraia* (5) sul sedile posteriore, fra borse e bagagli.

A metà strada circa lui *decide* (6) di concedersi una pausa all'autogrill per fare il pieno di benzina e prendere un caffè. *Scende* (7) dall'auto mentre la moglie *continua a dormire* (8). *Sono* (9) le 4 del pomeriggio. Lei *si sveglia* (10), *si accorge* (11) di essere ferma e *decide* (12) di scendere per fare quattro passi. *Si allontana* (13) un po' mentre il marito *risale* (14) in auto e *riprende* (15) il viaggio senza neanche dare un'occhiata sul sedile posteriore. La moglie intanto che *è* (16) sul piazzale dell'autogrill *grida* (17) e *cerca* (18) inutilmente di farsi notare. Dopo 500 chilometri di strada e sette ore di viaggio Aurelio finalmente *si accorge* (19) che lei non *c'è* (20) più. *È* (21) già sotto casa, *sta scaricando* (22) le valigie quando con grande sorpresa *si accorge* (23) che il sedile posteriore *è* (24) vuoto. Allora *corre* (25) dai carabinieri e tutto affannato *grida* (26): «Ho perso mia moglie.» I militari lo *guardano* (27) stupiti. Quel racconto *è* (28) troppo assurdo per essere vero...

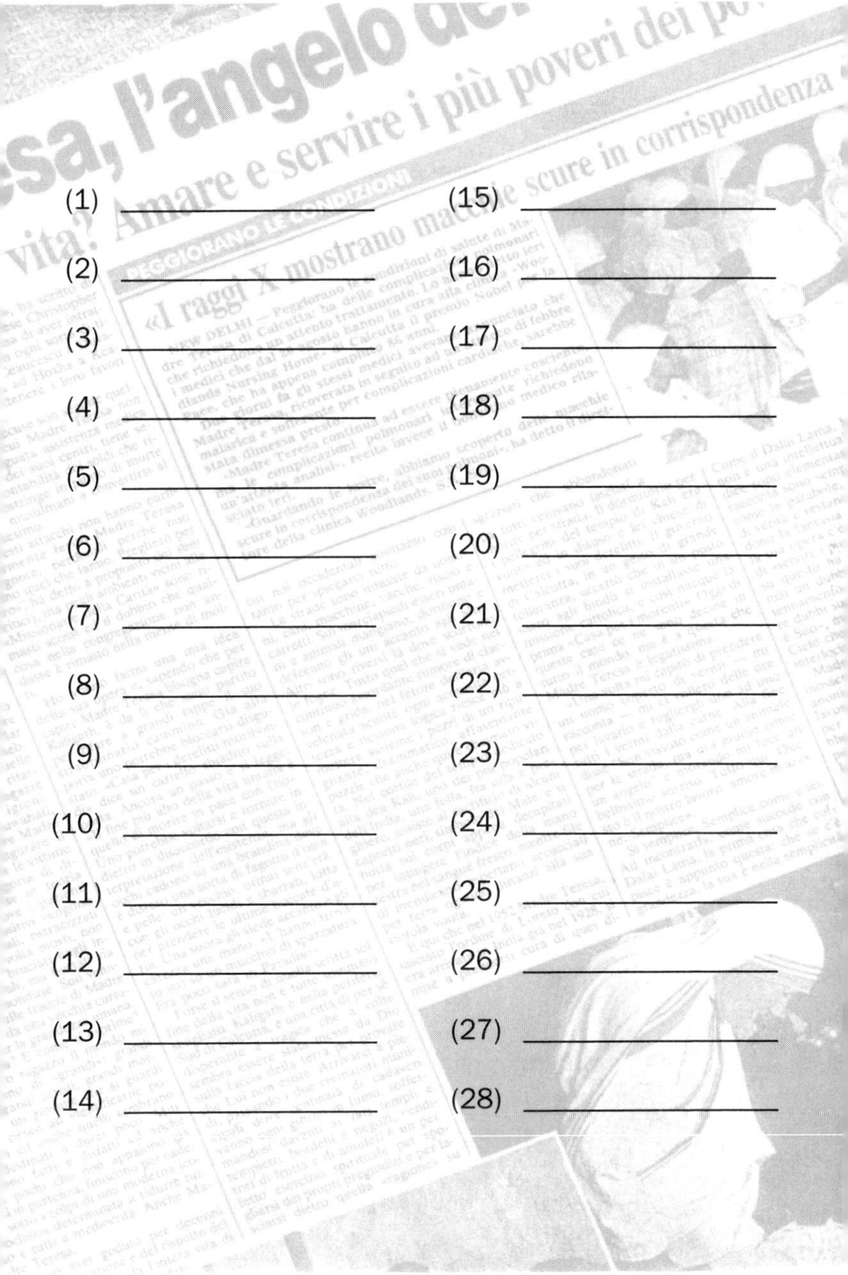

(1) ____________________

(2) ____________________

(3) ____________________

(4) ____________________

(5) ____________________

(6) ____________________

(7) ____________________

(8) ____________________

(9) ____________________

(10) ____________________

(11) ____________________

(12) ____________________

(13) ____________________

(14) ____________________

(15) ____________________

(16) ____________________

(17) ____________________

(18) ____________________

(19) ____________________

(20) ____________________

(21) ____________________

(22) ____________________

(23) ____________________

(24) ____________________

(25) ____________________

(26) ____________________

(27) ____________________

(28) ____________________

Senta, scusi

Each question or statement is followed by four responses. Not all of them are correct or appropriate to the situation. Mark the responses that fit. Sometimes there is only one correct answer, sometimes there are two.

1. Una birra e una coca cola, quant'è?
   a) ☐ Molto bene.
   b) ☐ Non è molto.
   c) ☐ Cinquemila.
   d) ☐ Deve pagare alla cassa.

2. Mia sorella sta veramente male.
   a) ☐ Non mi piace.
   b) ☐ Perché, che cos'ha?
   c) ☐ Mi dispiace molto.
   d) ☐ Peccato.

3. E tu di dove sei?
   a) ☐ Vengo dal dottore
   b) ☐ A Londra.
   c) ☐ Sono francese.
   d) ☐ Del Banco di Roma.

4. Ti serve una mano?
   a) ☐ Anche due.
   b) ☐ Grazie, molto gentile, ma mi arrangio da solo.
   c) ☐ No, grazie, non mi serve niente.
   d) ☐ Si, grazie.

5. Che cosa c'entro io?
   a) ☐ Allora non entrare.
   b) ☐ Infatti, tu non c'entri.
   c) ☐ Se vuoi, entro io.
   d) ☐ Tu sei mio fratello.

6. Che ne dici di fare un salto da Gianni?
   a) ☐ Non te lo posso dire.
   b) ☐ Adesso non ho voglia di parlare.
   c) ☐ Gianni non mi dice mai niente.
   d) ☐ Buon'idea.

7. Senta, io volevo chiederLe una cortesia.
   a) ☐ Non me lo chieda, non ne so niente.
   b) ☐ Non saprei cosa rispondere.
   c) ☐ Ma perché lo chiede proprio a me?
   d) ☐ Mi dica.

8. S'accomodi alla cassa per favore.
   a) ☐ Grazie.
   b) ☐ No grazie, preferisco stare in piedi.
   c) ☐ Grazie, è veramente molto comoda.
   d) ☐ Grazie, c'è molto da aspettare?

9. Tante grazie.
   a) ☐ Prego.
   b) ☐ Non c'è di che.
   c) ☐ Non fa niente.
   d) ☐ Lascia stare.

In centro

If you want to talk about what's going on in this street scene, you need to know some important terms. Match the numbered items in the drawing with the correct Italian expressions below.

- ◯ la buca delle lettere
- ◯ il semaforo
- ◯ le strisce pedonali
- ◯ il vigile
- ◯ il marciapiede
- ◯ la fermata
- ◯ la motocicletta/il motociclist
- ◯ la bicicletta/la ciclista
- ◯ l'edicola
- ◯ il manifesto

◯	la vetrina	◯	il segnale stradale
◯	la panchina	◯	la tabaccheria
◯	la cabina telefonica	◯	la pista ciclabile
◯	la libreria	◯	il pedone con telefonino
◯	la stazione metropolitana	◯	il parcometro

Telefonando

Read the information on the opposite page and decide whether the following statements are true T *or false* F.

1. ☐ Se si telefona la domenica sera dopo le 10, si paga meno che durante la settimana alla stessa ora.

2. ☐ Se si telefona prima delle 8 di mattina, si può risparmiare quasi la metà.

3. ☐ Dal lunedì al venerdì è più caro telefonare tra mezzogiorno e le quattro e mezzo di pomeriggio.

4. ☐ Il sabato mattina si paga la stessa tariffa del giovedì pomeriggio.

5. ☐ Chi telefona dopo mezzanotte paga meno di chi telefona la mattina presto verso le sette.

6. ☐ Chi vuole risparmiare dovrebbe telefonare soltanto il fine settimana. Non c'è bisogno di fare attenzione all'orario perché c'è solo una tariffa.

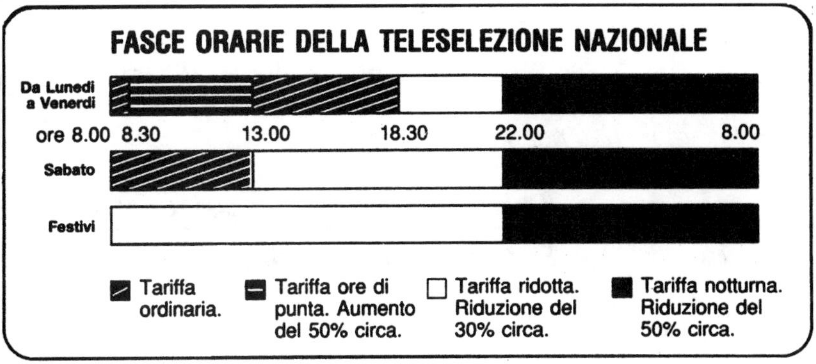
FASCE ORARIE DELLA TELESELEZIONE NAZIONALE
Da Lunedì a Venerdì
ore 8.00 8.30 13.00 18.30 22.00 8.00
Sabato
Festivi
Tariffa ordinaria.
Tariffa ore di punta. Aumento del 50% circa.
Tariffa ridotta. Riduzione del 30% circa.
Tariffa notturna. Riduzione del 50% circa.

QUICK CHECK 11

SOMETHING DIFFERENT

In breve

Do you know the following abbreviations? First write in English what you think the acronym means, and then try to write the exact words represented by the letters. The words in the box will give you some help. An example has been provided below.

1. RAI a) Public (state-owned) radio and television
   b) Radio Audizioni Italiane
2. A.C.I. a) ______
   b) ______
3. a.C. a) ______
   b) ______
4. LIT a) ______
   b) ______
5. FS a) ______
   b) ______
6. IVA a) ______
   b) ______
7. D.O.C. a) ______
   b) ______

8. P.T. a) ______________________________

b) ______________________________

9. c/c a) ______________________________

b) ______________________________

10. C.A.P. a) ______________________________

b) ______________________________

11. O.N.U. a) ______________________________

b) ______________________________

12. C.E. a) ______________________________

b) ______________________________

13. S.p.A. a) ______________________________

b) ______________________________

**Lira ✦ Società ✦ Ferrovie ✦ d'Italia ✦ italiana
Aggiunto ✦ Cristo ✦ di Origine ✦ dello Stato
delle Nazioni ✦ avanti ✦ Automobile ✦ Italiana
sul Valore ✦ Denominazione ✦ Unite ✦ Codice
corrente ✦ Poste ✦ Club ✦ Europea
per Azioni ✦ di Avviamento ✦ Postale
Controllata ✦ Italiana ✦ Comunità ✦ conto
e Telegrafi ✦ Imposta ✦ Organizzazione**

Mi dica!

An exhortation or a request can be expressed very indirectly or, at times, quite emphatically. Lend emphasis to the following questions by using the imperative (command form).

1. Mi fai vedere queste foto?

   ____

2. Potrebbe chiudere la finestra per favore?

   ____

3. Per cortesia, potrebbe ripetere l'ultima frase?

   ____

4. Mi passi il pane per favore?

   ____

5. Senta, mi potrebbe aiutare a scendere le valigie?

   ____

6. Perché non viene a trovarmi qualche volta?

____

7. Mi dici dove sei stato?

____

8. Potrebbe controllare l'olio per favore?

____

9. Le dispiacerebbe abbassare il volume della radio per favore?

____

10. Perché non gli dai la cassetta?

____

11. Potreste chiamarci domani sera?

____

12. Vi dispiace spostarvi un po'?

____

In cifre

When you cash a check, you have to repeat the amount by writing it out in words. In the blanks next to the figures on the opposite page, write the number in words. An example has been provided.

1. 53 500
cinquantatremilacinquecento

2. 1 975 000

3. 640 000

4. 101 000

5. 88 400

6. 67 000

7. 375 000

8. 3 298 000

9. 800 000

10. 75 000

I paragoni

Often we use the names of animals in expressions that describe a person's character. For example, in English we say: He's as hungry as a bear. The Italian equivalent would be È affamato come un lupo. *Can you complete the following metaphors by choosing the animal names in the box? There are two more animals than needed (You may need to use a dictionary.)*

volpe ☆ leone ☆ cane ☆ asino ☆ gatto
giraffa ☆ mulo ☆ pesce ☆ uccello
tartaruga ☆ mosca ☆ scimmia

1. È muto come un

   ____

2. È feroce come un

   ____

3. È testardo come un

   ____

4. È noioso come una

____

5. È furbo come una

____

6. È melodioso come un

____

7. È fedele come un

____

8. È lento come una

____

9. Si arrampica come una

____

10. È ignorante come un

____

QUICK CHECK 15 WATCH OUT: TRICK QUESTIONS!

Tazza o tassa?

There are a number of Italian words that have completely different meanings, but are frequently confused because of their similar spelling and pronunciation. Underline the correct word in each of the following sentences.

1. Vuoi ancora una tassa/tazza di tè?
2. Da quando è che non mangi più carne/cane?
3. È un pianista di grande fame/fama.
4. Non parlerei di queste cose con una persona estranea/strana.
5. Se vinco al lotto/alla lotta mi compro una Ferrari.
6. Per avere quel posto deve prima superare un test/testo difficile.
7. Dai, non fare lo stupido/stupito!
8. È un vestito molto di modo/moda.
9. La macchina fa un rumore strano, devo portarla in ufficio/in officina.

10. Prendi un golfo/un golfino, stasera farà freddo.

11. In questo ristorante si mangia dell'ottimo pesce/delle ottime pesche.

12. No, questo modello/questa modella non mi sta proprio bene.

13. È domenica il compleanno del nonno/nono?

14. La nuova segreteria/segretaria è molto brava.

15. Ci vorrebbe un ombrellone/un ombrello, il caldo è proprio insopportabile.

16. Dopo gli ultimi scandali non voto più per questo partito/questa partita.

17. Mia zia fa una collezione di capelli/cappelli.

18. Alla festa c'era anche una copia/una coppia molto simpatica.

19. Domani c'è la festa di Pierangelo. Che cosa gli regoliamo/regaliamo?

20. Quando si va a mangiare al ristorante in Italia quasi sempre bisogna pagare la coperta/il coperto.

Una questione di ordine

The following sentences are jumbled. Put them back in the right order. The first word of each sentence is already capitalized.

1. siamo ✦ in ✦ paese ✦ Non ✦ mai ✦ stati ✦ quel

   ____

   ____

2. né ✦ medico ✦ ha ✦ mio ✦ bere ✦ Il ✦ detto ✦ birra ✦ vino ✦ né ✦ non ✦ di ✦ mi

   ____

   ____

3. tutto ✦ nessuno ✦ casa ✦ telefonato ✦ Sono ✦ il ✦ ma ✦ ha ✦ stata ✦ giorno ✦ a ✦ non

   ____

   ____

4. ma ✦ cercato ✦ hanno ✦ niente ✦ non ✦ trovato ✦ hanno ✦ I ladri ✦ dappertutto

   ____

   ____

5. moglie ✦ Neanche ✦ andato ✦ fosse ✦ dove ✦ sapeva ✦ sua

____

____

6. sera ✦ quella ✦ voleva ✦ non ✦ più ✦ me ✦ con ✦ parlare ✦ Dopo

____

____

7. invitare ✦ mi ✦ Non ✦ nemmeno ✦ volevano

____

____

8. niente ✦ si ✦ Non ✦ mai ✦ dirgli ✦ poteva

____

____

9. dirglielo ✦ mica ✦ siamo ✦ a ✦ noi ✦ Non ✦ stati

____

____

10. meglio ✦ lei ✦ di ✦ Nessuno ✦ sa ✦ lo

____

QUICK CHECK 17 — VOCABULARY

Tanti sport

A few of the most popular kinds of sports are depicted here. Write the Italian term next to the pictogram.

1.  ______________________

2.  ______________________

3.  ______________________

4.  ______________________

5.  ______________________

6.  ______________________

7. 

8. 

9. 

10. 

11. 

12. 

13. 

Auguri!

There are a number of formulaic expressions that are used again and again in certain situations. Frequently they express feelings such as amazement, fear, joy, and the like. It is useful to know a few of these expressions. Test your knowledge by selecting the appropriate expression from the box and writing it in the correct blank.

Meno male! ☆ Complimenti!
Che fortuna! ☆ Magari! ☆ Ma non è possibile!
Mi dispiace molto. ☆ Che guaio! ☆ Era ora!
Beata te! ☆ Caspita! ☆ Tanti auguri!

1. ● Vai anche tu in ferie la prossima settimana?

   ▲ ______________________________

2. ● Sergio mi ha restituito i soldi che gli avevo prestato.

   ▲ ______________________________

3. ● Sono riuscita a riparare la lavatrice.

   ▲ ______________________________

4. ● In settembre passerò quattro settimane in Sardegna.

   ▲ ______________________________

5. ● Lo sai che i Guarini si sono separati dopo 30 anni di matrimonio?

▲ ______________________________

6. ● Aldo ha trovato un bell'appartamento in centro che costa pochissimo.

▲ ______________________________

7. ● Ho dimenticato le chiavi al ristorante. Adesso sarà già chiuso.

▲ ______________________________

8. ● Mi hanno detto che Guido guadagna otto milioni al mese.

▲ ______________________________

9. ● Non posso venire perché mia madre è in ospedale.

▲ ______________________________

10. ● Sono passata all'esame di psicologia con il massimo dei voti.

▲ ______________________________

11. ● Oggi offro io, è il mio compleanno.

▲ ______________________________

QUICK CHECK 19

SOMETHING DIFFERENT

Pronuncia

Stressing the wrong syllable sometimes makes communication difficult. The following words are shown with the stress in two different places (stress indicated by boldface). Read both versions aloud, then underline the correct pronunciation.

1.	**a**bito	a**bi**to
2.	tele**fo**no	te**le**fono
3.	chilo**me**tro	chi**lo**metro
4.	**gen**tile	gen**ti**le
5.	tratto**ri**a	trat**to**ria
6.	s'ac**co**modi	s'acco**mo**di
7.	fo**to**grafo	foto**gra**fo
8.	gio**va**ne	**gio**vane
9.	psico**lo**go	psi**co**logo

10.	leg**ge**ro	**le**ggero
11.	austr**i**aco	austri**a**co
12.	**re**galo	re**ga**lo
13.	**lam**pada	lam**pa**da
14.	**fa**bbrica	fab**bri**ca
15.	por**ta**mi il libro	**por**tami il libro
16.	segre**te**ria	segreter**i**a
17.	metropoli**ta**na	me**tro**politana
18.	te**le**fonami	telefo**na**mi
19.	cerimon**i**a	ceri**mo**nia
20.	Lombard**i**a	Lom**bar**dia

QUICK CHECK 20 — WATCH OUT: TRICK QUESTIONS!

Sbagliare è umano

The shaded words in the sentences below are typical mistakes that Americans often make in Italian. Can you correct them?

1. Ieri sera abbiamo mangiato molto buono.

 ____

2. Mi ha detto che oggi venga più tardi.

 ____

3. Oggi sera andiamo a mangiare fuori.

 ____

4. Se avrei più tempo, ti potrei aiutare.

 ____

5. Siamo rimasti soltanto una settimana, perché il tempo era troppo freddo.

 ____

6. ● Che cosa hai fatto domenica sera?
 ▲ Ero al cinema.

 ____

7. Che bella sorpresa! Sabato sera mi ha visitato tutta la famiglia.

____

8. A che ora posso ti telefonare?

____

9. Sono stanchissima, vado nel letto.

____

10. Ho sentito dire che Leonardo e Anna vogliono vendere la sua casa.

____

11. Domenica mattina abbiamo preso la colazione e poi siamo usciti.

____

12. Perché non chiedi Luigi se vuole venire?

____

13. Anche se ho dormito così lungo, sono stanchissima.

____

14. ● Desidera ancora un dessert?
▲ No, grazie, ho già mangiato molto troppo.

____

Fuori regola

How familiar are you with the irregular verbs? Write the appropriate present tense verb forms in the boxes on the opposite page. The shaded boxes, read from top to bottom, will give you the name of a famous Italian poet.

1. noi/dire
2. tu/andare
3. loro/venire
4. voi/fare
5. io/uscire
6. noi/dare
7. io/scegliere
8. lui/possedere
9. io/proporre
10. tu/pagare
11. lei/tenere
12. loro/spegnere
13. loro/rimanere
14. tu/potere

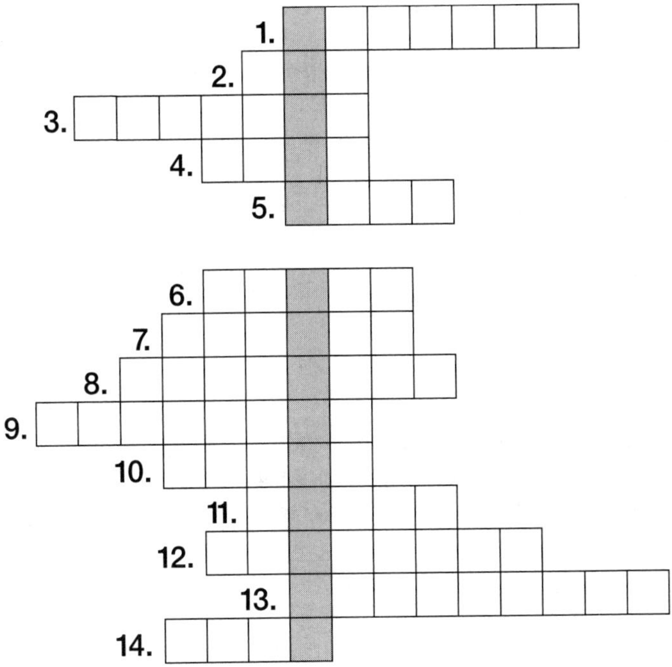

Solution: ______________________________

Conoscete l'Italia?

If you know your way around Italy, this little geography quiz certainly won't be a problem for you. Read the eight passages and answer the questions.

1. È il lago piu grande d'Italia. Fa parte di tre regioni: il Trentino-Alto Adige, la Lombardia e il Veneto. La parte meridionale è famosa per il suo clima mite che permette la coltivazioni di limoni, arance e olive. Qual è il nome di questo lago?

____

2. Al lido di Venezia fra agosto e settembre ha luogo un grande festival del cinema. Alla rassegna partecipano i film dei più grandi registi del cinema mondiale. Qual è il nome di questa mostra cinematografica?

____

3. Il 15 agosto in Italia è festa: le città si svuotano, le spiagge sono affollatissime, gli alberghi al mare e in montagna registrano il tutto esaurito e i ristoranti fanno affari d'oro. Anticamente questa festa cadeva il primo agosto ed era dedicata all'imperatore Cesare Ottaviano Augusto. Come si chiama questa festa?

____

4. È il formaggio italiano più conosciuto nel mondo. Viene usato nella preparazione di molti piatti, soprattutto per paste e risotti. Prende il nome dalla città dell'Emilia-Romagna in cui viene prodotto. Il suo concorrente, il grana padano, ha un sapore simile, ma è meno pregiato. Di quale formaggio si tratta?

____

5. È un vulcano vicino a Napoli. In una tragica notte nel 79 d.C. la sua lava seppellì la città di Pompei. L'ultima eruzione risale al 1946 e, anche se oggi il vulcano sembra tranquillo, potrebbe diventare attivo da un giorno all'altro. Molti non si rendono conto della sua pericolosità e costruiscono case proprio ai suoi piedi. Come si chiama questo vulcano?

____

6. Ogni anno tanti turisti lanciano una monetina nell'acqua di una fontana che si trova a Roma, con la speranza e la promessa di ritornare in questa città. Gli amanti del cinema ricordano sicuramente la famosa scena del film *La dolce vita* di Federico Fellini con Anita Ekberg che faceva il bagno nella fontana. Qual è il nome di questa fontana?

____

7. A Milano si trova uno dei teatri lirici più famosi in Italia e nel mondo. È stato ricostruito la prima volta nel 1778 dopo un incendio. Nell'agosto del 1943 le bombe che piovevano su Milano lo hanno distrutto lasciando intatta solo la facciata. Dopo essere stato ricostruito, il teatro è stato inaugurato da Arturo Toscanini nel 1946. Come si chiama questo teatro?

____

8. È la regione più piccola d'Italia. È una regione autonoma come la Sardegna, la Sicilia e il Trentino-Alto Adige. Si trova al confine con la Francia e molti abitanti parlano sia il francese che l'italiano. È una meta turistica per le vacanze estive ma anche invernali. Qual è il nome di questa regione?

____

QUICK CHECK 23 WATCH OUT: TRICK QUESTIONS!

Attenzione a non sbagliare

Complete the following sentences by marking the correct answer and writing it in the blank.

1. Ci vediamo ______________ due anni.
   ☐ ogni ☐ tutti i

2. Sono stanco, ci sediamo su questa ______________?
   ☐ banca ☐ panchina

3. Incontravo quel signore______________ quando usciva con il suo cane.
   ☐ vecchio ☐ anziano

4. Ti vedo un po' triste. ______________
   ☐ Che cos'hai? ☐ Che cosa ti manca?

5. Marina ______________. Perciò non ha potuto continuare il corso.
   ☐ si è ammalata ☐ è diventata malata

6. Senti, mi sai dire ______________ alto questo monte?
   ☐ quant'è ☐ com'è

7. In questo ristorante si mangia bene, è vero, però è anche molto più caro ______________ in trattoria.
   ☐ che ☐ di

8. Il primo luglio è stata licenziata e _______________ ha trovato un nuovo lavoro.
☐ la settimana dopo ☐ la settimana prossima

9. Questa attrice _______________ molto bene la parte della contessa.
☐ ha giocato ☐ ha recitato

10. Solo 53 deputati _______________ contro la riduzione delle pensioni.
☐ hanno scelto ☐ hanno votato

11. Oggi fa troppo caldo. Perché non _______________ la cravatta?
☐ ti spogli ☐ ti togli

12. Hanno un appartamento bellissimo. Tutte le camere _______________ sul lago.
☐ danno ☐ vanno

13. Mi dispiace, di questo romanzo abbiamo venduto l'ultima copia proprio stamattina. Ma glielo possiamo _______________ se vuole.
☐ mettere in ordine ☐ ordinare

14. Per visitare bene questo museo _______________ almeno tre ore.
☐ bisogna avere ☐ ci vogliono

15. Di fronte alla chiesa _______________ un bar da dove si può telefonare.
☐ è ☐ c'è

QUICK CHECK 243 **SOMETHING DIFFERENT**

Paese che vai, usanze che trovi

Do you know the English equivalents of the following proverbs?

1. A caval donato non si guarda in bocca.

   ____

2. Il frutto non cade lontano dall'albero.

   ____

3. Paese che vai, usanze che trovi.

   ____

4. Lontano dagli occhi, lontano dal cuore.

   ____

5. Il denaro apre tutte le porte.

   ____

6. Il riso fa buon sangue.

   ____

7. Una rondine non fa primavera.

   ____

8. Sbagliando s'impara.

   ____

9. Il tempo porta consiglio.

____

10. L'uomo propone e Dio dispone.

____

11. Tutto è bene quel che finisce bene.

____

12. Troppi cuochi guastano la minestra.

____

13. L'occasione fa l'uomo ladro.

____

14. Le bugie hanno le gambe corte.

____

15. Il cane che abbaia non morde.

____

16. L'unione fa la forza.

____

17. Non è tutto oro quel che luccica.

____

18. Non c'è rosa senza spine.

____

A tavola

When you're at the dinner table, it helps to know the right words for every situation. Can you match the sentences on this page with the ones opposite? Enter the correct letters from page 55 in the boxes below.

1. ☐ Ti verso ancora un po' di vino?
2. ☐ Come sono i tortellini?
3. ☐ Buon appetito!
4. ☐ Lo prendi il caffè?
5. ☐ Mi passi la frutta per favore?
6. ☐ Buonissime queste melanzane!
7. ☐ Ti dispiace passarmi il tuo piatto?
8. ☐ Senti, posso prendere ancora un po' di carne?

a) Sono contenta che ti piacciono, le ha preparate mia sorella.

b) Ma certo, serviti pure. Non fare complimenti!

c) Aspetta, te la do subito.

d) Grazie, altrettanto.

e) Ecco, ma non mi mettere troppa pasta per favore.

f) No, grazie ne ho già bevuto abbastanza.

g) No, grazie altrimenti stanotte non dormo.

h) Buonissimi, complimenti.

CHECK 26 VOCABULARY

Bestiario

Animals appear in many Italian proverbs and turns of phrase. Read the following sentences and write the missing animal names in the blanks. The drawings will help you.

1. La polizia lo sta interrogando da giorni, ma lui non dice nulla. È muto come un ____________.

2. ● Sai che Pietro non mi ha salutata?
   ▲ Senz'altro non ti ha vista, senza occhiali è cieco come una ______________.

3. Quei due non vanno proprio d'accordo, sono sempre come _____________ e _____________.

4. ● Hai sentito il discorso dell'onorevole a Verona?
   ▲ Si, ha fatto ridere i ______________.

5. Giuseppe è proprio timido, quando parla con una ragazza diventa rosso come un ______________.

6. Dopo le otto di sera in centro c'è tanto traffico che si può andare solo a passo di ______________.

7. ● Domani ho l'esame di chimica.
▲ In bocca al _______________!

8. Basta, me ne vado, mi hai fatto soffrire abbastanza. È inutile che piangi, tanto le tue sono lacrime di _______________.

9. ● Mi sento ancora un po' debole.
▲ Logico, con quella febbre da _______________ che hai avuto, 40 gradi per una settimana...

10. Mio padre ricorda persino i nomi di tutti i suoi compagni di scuola. Ha proprio la memoria di un _______________.

11. Marco ha fatto di tutto per conquistare Rossella, ma lei gli ha detto di no. E adesso lui va in giro a dire che lei non è proprio il suo tipo. Fa proprio come la _______________ con l'uva.

12. Commissario, sono sicuro che De Angelis non ha ucciso quella persona. Lo dicono tutti, non farebbe male nemmeno ad una _______________.

13. Sono sicura che Giorgio senza la famiglia, la ragazza e gli amici si sentirà solo come un _______________.

Preposizioni

Read what the people below do in their leisure time, and fill in the prepositions a, di, or da. Watch out: In some cases, no preposition is used.

1. 
Il sabato preferisco ______ restare a casa perché sono stanca ed ho molte cose ______ sistemare. La domenica a volte vado ______ ballare.

2. 
Mi piace ______ fare lo sport. Gioco a calcio e faccio anche il nuoto. Ho provato anche ______ imparare il tennis ma ho dovuto ______ smettere perché era troppo caro.

3. 
Tre mesi fa ho cominciato ______ studiare il greco. È difficile, ma mi piace.

4. 

Noi abitiamo in un piccolo paese. Molte volte abbiamo voglia ______ uscire, ma qui in paese non c'è niente. Perciò abbiamo deciso ______ andare ______ abitare in città.

5. 

Quando finisco ______ lavorare non mi va ______ fare niente. Però il sabato sera non riesco ______ stare in casa e cerco sempre ______ fare qualcosa.

6. 

Quando si torna a casa dopo il lavoro è bello ______ rilassarsi guardando la Tv.

QUICK CHECK 28

SOMETHING DIFFERENT

Notizie d'agenzia

When you read a newspaper, you don't have to read the entire article. Often you can get the main points simply by skimming the headlines. Read the following headlines from the Italian daily press, and match them with the correct subheads.

1. ☐ **Autostrada in tilt, 16 chilometri di coda**
2. ☐ **Incidenti stradali: mai partire di venerdì**
3. ☐ **Spariscono i dollari dalla Fontana di Trevi**
4. ☐ **In causa per avere il cane due ex coniugi senza figli**
5. ☐ **Attenti allo scontrino: rischiano anche i clienti**
6. ☐ **Deruba i giudici mentre aspetta il processo**
7. ☐ **Per tenere aperta la scuola la nonna torna a sedere nel banco**
8. ☐ **Avvelenato vicino a Catanzaro un acquedotto per 40 famiglie**
9. ☐ **Bosco in fiamme sull'Etna**
10. ☐ **Meglio in cella che a casa con moglie e suoceri**
11. ☐ **Fermano e multano ambulanza con a bordo un ferito grave**

a) Il giudice ha deciso che l'animale sarà affidato a ciascuno per 15 giorni con diritto di visita nel week-end

b) Bruciano 400 ettari di foresta

c) Colonne d'autoveicoli sulla A 4 tra Soave e Montebello

d) Denuncia della Croce Rossa romana sulle monete lanciate dai turisti

e) «Arrestatemi, mi accusano di tutto, mi fanno scenate di gelosia, non ce la faccio più»

f) È stato vietato l'uso dell'acqua agli abitanti di Boscoreggio

g) Le ore più pericolose tra le 17 e le 18

h) Multe salate fino a 2 milioni per baristi, negozianti e ristoratori

i) La polizia fa perdere minuti preziosi mentre l'uomo rischia di morire

j) È stato sorpreso mentre ripuliva dei portafogli le giacche dei magistrati

k) L'istituto rischiava di venire chiuso perché gli alunni iscritti erano soltanto quattordici

QUICK CHECK 29 **VOCABULARY**

Che tempo fa?

The weather is one of the most common topics of conversation. How would you say the following sentences in Italian?

1. Yesterday we had beautiful weather.

    ____

2. The sun is shining in Florence.

    ____

3. It rained all night.

    ____

4. It's very windy today.

    ____

5. It's snowing in Torino.

    ____

6. It's very cloudy in Milan.

____

7. It's very warm in Sicily.

____

8. What will the weather be like next week?

____

9. It was fairly cold in December.

____

10. The weather is better today.

____

11. Last week it was 34 degrees Celsius.

____

12. The temperature in Florence has dropped by 10 degrees Celsius.

____

Per cortesia

A request can be expressed in a variety of ways. In each group of four responses below, mark the three that are appropriate in the situation given.

1. You ask someone to open the window.

   a) ☐ Qui c'è un po' di corrente.
   b) ☐ Per cortesia, non potrebbe aprire la finestra?
   c) ☐ Non apra la finestra, per favore.
   d) ☐ Perché non apre la finestra?

2. You would like someone to take your letter to the post office.

   a) ☐ Per favore, vai a ritirare la lettera dalla posta.
   b) ☐ Ti dispiace portarmi questa lettera alla posta?
   c) ☐ Perché non mi porti questa lettera alla posta?
   d) ☐ Senti, potresti andare a spedire questa lettera alla posta?

3. You ask someone for a light.

   a) ☐ Senti, mi fai accendere?
   b) ☐ Perché non mi accendi?
   c) ☐ Mi dai l'accendino?
   d) ☐ Hai da accendere?

4. You feel you're being disturbed by overly loud radio music.

   a) ☐ Per cortesia, se non Le dispiace, potrebbe abbassare un po' il volume della radio?
   b) ☐ Il volume della radio non Le sembra troppo alto?
   c) ☐ Non potrebbe alzare un po' il volume della radio?
   d) ☐ Sarebbe possibile abbassare il volume della radio?

5. You haven't entirely understood your partner in conversation, and you would like him/her to repeat what he/she said.

   a) ☐ Prego?
   b) ☐ Scusa, non ho capito.
   c) ☐ Come?
   d) ☐ È tutto compreso?

6. You ask someone to help you out with a loan of 100,000 lire.

   a) ☐ Potresti farti prestare 100 000 lire?
   b) ☐ Mi daresti 100 000 lire?
   c) ☐ Avresti 100 000 lire da prestarmi?
   d) ☐ Senti, mi servirebbero 100 000 lire.

7. You would like to be helpful to a friend.

   a) ☐ Ti posso dare una mano?
   b) ☐ Che cosa posso fare per te?
   c) ☐ In che cosa posso esserti utile?
   d) ☐ Dammi qualcosa.

CHECK 31

SOMETHING DIFFERENT

Dove siamo?

In what towns are the people below? Using the map and the descriptions, find the correct city names and write them in the blanks.

1.  Abbiamo visitato la fabbrica della FIAT e la sera siamo andati a vedere la Juventus, una delle squadre di calcio più famose del mondo.

Antonio Baglioni è a ____________________________.

2.  Oggi cercherò di entrare negli Uffizi. Spero che non ci sarà troppa gente. Altrimenti andrò a vedere la chiesa di Santa Croce e il campanile di Giotto.

Mirella Capuana è a ____________________________.

3.  Da questa parte si vede la costa della Calabria. Vogliono costruire un ponte per collegare l'isola con il continente.

Anna Laura De Carlo è a ________________________.

4.  Appena arrivati andremo subito a vedere quella torre, si teme che prima o poi possa cadere.

Paolo Daniele è a ______________________________.

5.  Sono venuta qui per vedere l'*Aida* all'Arena. È stata una serata indimenticabile.

Lucia Di Stefano è a ____________________________.

6.  In questa città ci sono troppe cose da visitare. Ma una passeggiata lungo il Tevere la dovrò fare in ogni caso.

Claudia Calò è a ______________________________.

7.  Che rabbia. Neanche quest'anno sono riuscito a salire su quel campanile, era chiuso per lavori di restauro. Ma ho potuto visitare il Palazzo dei Dogi.

Nunzio Pitagora è ______________________________.

8.  Non so se avremo il tempo di visitare bene la città perchè il pomeriggio dobbiamo prendere l'aliscafo per Capri. Peccato. Però una bella pizza qui me la devo proprio mangiare. Se non la mangi qui...

Leonardo Marra è a _____________________________.

QUICK CHECK 32 **VOCABULARY**

Combinazioni

Form compound nouns by combining each of the words below with a word from the box. Write the compounds in the blanks.

1. asciuga________________________
2. porta________________________
3. aspira________________________
4. gira________________________
5. guarda________________________
6. accendi________________________
7. apri________________________
8. spremi________________________
9. stuzzica________________________

10. passa______________________________

11. scalda_____________________________

12. tosta______________________________

13. lava_______________________________

14. gratta_____________________________

cielo ☆ bagno ☆ pane ☆ fogli
bottiglia ☆ stoviglie ☆ polvere ☆ mano
porto ☆ agrumi ☆ roba ☆ denti
sigari ☆ dischi

Essere o non essere

Decide whether the following sentences require the use of essere or avere. Underline the correct form.

1. Siamo/abbiamo girato tutta l'Italia dalle Dolomiti fino alla Sicilia.

2. No, guarda, questo spettacolo non mi è/ha piaciuto per niente.

3. Leonardo mi è/ha sembrato molto stanco ieri sera.

4. Questo maglione è/ha costato più di mezzo milione.

5. È stata una bellissima giornata. Siamo/Abbiamo camminato per più di tre ore.

6. Negli ultimi anni siamo/abbiamo viaggiato un po' di più.

7. Questo ragazzo è un fenomeno. È/ha nuotato per tante ore senza stancarsi.

8. I miei genitori si hanno/sono sposati vent'anni fa.

9. Non mi sono/ho ancora abituato alla nuova macchina.

10. Questo supermercato è/ha aperto fino alle 20.

11. Oggi non mi sono/ho potuto riposare neanche un po'.

12. Da quando faccio lo sport sono/ho dimagrito di cinque chili.

13. Ieri pomeriggio è/ha mancata l'acqua per più di due ore.

14. Gli ho spiegato tutto, ma non è/ha servito a niente.

15. Quanti anni sei/hai?

16. Sono/Ho freddo. Potresti chiudere la finestra?

QUICK CHECK 34 **WATCH OUT: TRICK QUESTIONS!**

Va bene?

Mistakes have crept into some of the sentences below. Determine whether the sentences are grammatically correct [C] *or incorrect* [I]*. Then write the correct version of the sentences in question.*

1. ☐ Oggi resto a casa, non mi sento buono.

____

2. ☐ Complimenti, lei parla un buon italiano.

____

3. ☐ Adesso guadagno esatto quanto mio marito.

____

4. ☐ In questi ultimi tempi il tempo è veramente male.

____

5. ☐ Questo vino è senz'altro meglio di quello che abbiamo bevuto al ristorante.

____

6. ☐ Ho parlato breve con la dottoressa.

____

7. ☐ Non aver paura. Questo cane non è cattivo.

____

8. ☐ Oggi purtroppo sto ancora molto più male di ieri.

____

9. ☐ Questa casa è stata distrutta totalmente.

____

10. ☐ Questa è la meglio pizza che io abbia mai mangiato.

____

QUICK CHECK 35 VOCABULARY

Indovinelli

A.

Can you solve these riddles by guessing which nouns belong in the blanks below?

1. a) Sull'autostrada all'uscita per Bologna c'è una ____________ di dieci chilometri.
   b) Alla cassa del supermercato spesso bisogna fare la ____________.
   c) Ce l'hanno tanti animali. Il cane la muove quando è contento.

   È la c____________.

2. a) Dopo il diploma ha fatto ____________ in molti uffici, ma non ha ancora trovato lavoro.
   b) Sul mercato i prezzi di molti prodotti si regolano in base alla ____________ e all'offerta.
   c) Ti ho fatto una ____________. Perché non mi rispondi?

   È la d____________.

3. a) L'automobile ne ha quattro.
   b) I ragazzi la masticano.
   c) Serve per cancellare i segni della matita.

   È la g____________.

4. a) Si chiama così la punta di terra che sporge in mare, famoso è il ____________ di Buona Speranza.
   b) Ha lo stesso significato di "testa".
   c) Perché non chiedi al ____________ se puoi prendere le ferie in agosto?

   È il c____________.

5. a) Chi vuole costruire deve rispettare il ___________ regolatore.
   b) Paolo Conte quando canta suona anche il ____________.
   c) La famiglia De Rossi abita al terzo ___________.

   È il p___________.

B.

Here, the solution to each riddle is a verb in the infinitive. But be careful: In sentences a, b, and c you also have to put the right ending on the verb.

1. a) ___________ chi dice che i giovani di oggi non hanno più ideali.
   b) Così non arriviamo in centro. Abbiamo __________ strada. Dobbiamo tornare indietro.
   c) Al telefono:
      ● Parlo con la famiglia Cristiano?
      ▲ No, mi dispiace, ha ____________ numero.

   È il verbo s____________.

2. a) Si usa spesso a tavola al posto del verbo *dare*: Mi ____________ il pane per favore?
   b) Per l'università vada diritto, ____________ il secondo semaforo e poi giri a sinistra.
   c) Due anni fa abbiamo ____________ tre settimane meravigliose alle Maldive.

   È il verbo p____________.

3. a) Un sordomuto è una persona che non ____________ e non parla.
   b) Molti animali ____________ quando sta per arrivare un terremoto.
   c) Hai ____________ l'ultima novità?

   È il verbo s____________.

CHECK 36

SOMETHING DIFFERENT

Numeri

How would you say the following aloud? Write your answers in the blanks provided. An example is given below.

1. 4,5%
   quattro virgola cinque per cento
2. 20 – 2 = 18
   ____
3. 53 a.C.
   ____
4. 4° piano
   ____
5. Luigi XIV
   ____
6. 1,5 l
   ____
7. ore 21.45
   ____

8. nel 1989

____

9. 2–5–1997

____

10. 2/3

____

11. 2,5 kg

____

12. 80 km/h

____

13. 15 cm × 30 cm

____

14. 18 : 6 = 3

____

15. 125 m

____

16. –10 °C

____

Chi ha ragione?

Read the statements made by the road users. Who has interpreted the road/traffic signs correctly C, *and who has understood them incorrectly* I?

1. 
Sulla strada c'erano tante macchine, allora sono passato qui con la mia moto e così ho risparmiato un sacco di tempo.

2. 
Mi sono fermato e ho fatto passare due macchine che venivano da sinistra, poi la strada era libera e sono passato.

3. 
Mi sono fermato un attimo, ho portato i vestiti in lavanderia e dopo due minuti sono ripartito.

4. 
Quelle macchine andavano veramente piano. 60 chilometri all'ora. Sull'autostrada. Ma scherziamo? Allora le ho sorpassate tutte.

5. 

Purtroppo non si poteva girare a sinistra, allora ho girato subito a destra. ☐

6. 

Era giovedì, il giorno prima dell'inizio delle vacanze, verso mezzogiorno. Avevo alcune cose da sbrigare in centro e così sono dovuto passare con la macchina da questa strada. ☐

7. 

Era mezzanotte. Non c'era un'anima. La strada a destra e a sinistra era libera, così ho potuto girare subito a destra senza fermarmi. ☐

8. 

Ho visto il segnale, allora sono tornato indietro e ho cercato di entrare in quella strada da un'altra parte. ☐

QUICK CHECK 38

SOMETHING DIFFERENT

Bella ciao

This well-known Italian folk song is missing some words. Fill in the blanks with the appropriate verb forms.

diranno ✦	**ho trovato** ✦	**mi sento**	
mi sono alzata ✦	**mi sono alzata**		
morto ✦	**muoio** ✦	**muoio** ✦	**passeranno**
passeranno ✦	**portami via** ✦	**portami via**	
seppellire ✦	**seppellire**		

Stamattina ____________________
o bella ciao, bella ciao, bella ciao, ciao, ciao
stamattina ____________________
e ____________________ l'invasor

O partigiano ____________________
o bella ciao, bella ciao, bella ciao, ciao, ciao
O partigiano ____________________
che ____________________ di morir

E se ____________________ da partigiano
o bella ciao, bella ciao, bella ciao, ciao, ciao
E se ____________________ da partigiano
tu mi devi seppellir

E ________________ lassù in montagna
o bella ciao, bella ciao, bella ciao, ciao, ciao
E ________________ lassù in montagna
sotto l'ombra di un bel fior

E le genti che ____________________
o bella ciao, bella ciao, bella ciao, ciao, ciao
E le genti che ____________________
e ____________________ o che bel fior

È questo il fiore del partigiano
o bella ciao, bella ciao, bella ciao, ciao, ciao
È questo il fiore del partigiano
_____________ per la libertà

Pronto

Complete the following telephone conversation between a hotel receptionist and a guest. The guest's words, which are out of order, are found in the box on the opposite page.

- ● Pronto, Hotel Miramare!

1. ▲ ______________________________

- ● Per quando?

2. ▲ ______________________________

- ● Sì, è possibile. Desidera una camera singola o doppia?

3. ▲ ______________________________

- ● Certo, tutte le camere doppie danno sulla spiaggia.

4. ▲ ______________________________

- ● Beh, durante il giorno... Ma di notte le camere sono molto tranquille.

5. ▲ ______________________________

- ● Fino al 30 giugno 65 000 al giorno.

6. ▲ ______________________________

- ● No, mi dispiace, la colazione costa 8 000 lire a persona extra.

7. ▲ ______________________________

● Non si preoccupi signore, c'è il parcheggio dell'hotel.

8. ▲ ______________________________

● Benissimo signore, mi vuole ripetere il Suo nome per favore, così prendo nota.

9. ▲ ______________________________

● Come scusi?

10. ▲ ______________________________

● Grazie, e il Suo numero di telefono, per favore.

11. ▲ ______________________________

E per la macchina?
Allora, Hans Berger, di Berlino ...
Dal 20 al 30 giugno.
Bi – erre – gi – e – erre.
Una doppia, possibilmente con vista sul mare.
E quanto costa la camera doppia?
È compresa anche la colazione?
Va bene, allora prendo la camera.
(0 30) 3 22 14 70
Ma non è troppa rumorosa?
Buongiorno, vorrei prenotare una camera.

Ladri cortesi

Read the following article and supply the missing endings.

I Bianchi hanno decis___ (1) di comprare un___ buon___ (2) autoradio per la lor___ macchin___ nuov___ (3). Siccome amano ascoltare la musica in macchina hanno scelt___ (4) un modell___ (5) abbastanz___ (6) costos___ (7). L'hanno fatt___ (8) installare, ma dopo qualch___ giorn___ (9) la brutt___ sorpres___ (10): hanno rubat___ (11) l'autoradio. Si sono rassegnat___ (12) e ne hanno comprat___ (13) un___ second___ (14) a buon mercato. Ma anche quest___ (15) è durat___ (16) poco: è sparit___ (17) nel giro di una settimana. Allora i Bianchi hanno capito che dovevano rinunciare all'idea di ascoltare musica in macchina. La signora Bianchi però si è arrabbiat___ (18) moltissim___ (19) e ha scritt___ (20) un bigliett___ bell___ grand___ (21). Su___ marit___ (22) l'ha mess___ (23) ben___ (24) in vist___ (25) nella macchina: «Risparmiatevi una fatic___ inutil___ (26), in quest___ macchin___ (27) non c'è l'autoradio.» La mattin___ seguent___ (28) però i Bianchi sono stat___ (29) molt___ (30) sorpres___ (31) quando non hanno trovat___ (32) più la macchina e al su___ post___ (33) un altr___ bigliett___ (34): «Grazie, non importa. L'autoradio l___ (35) mettiamo noi.»

Il commissario Raimondi

Read the story in pictures and answer the question that follows.

È il mio socio! È caduto dentro la piscina ed è morto... Non deve averla vista a causa del violento temporale di mezz'ora fa.
L'avevo vuotata per pulirla... Lui non era mai venuto in casa mia prima di oggi.

Perché il commissario è convinto che non sia stato un incidente?

Facciamo le valigie

The articles of clothing and objects in the suitcase depicted below are listed on the opposite page. Unfortunately, the letters of the words have become scrambled. Write the correct words in the blanks provided. The first one has been done for you.

1. tinetpe _pettine_ ____________________

2. tumande ____________________

3. acimaci ____________________

4. nilontanpaci ____________________

5. nnago ____________________

6. icagac ____________________

7. zelca ____________________

8. sperca ____________________

9. tannaplio ____________________

10. fritidencio ____________________

11. soiaro ____________________

12. leso ad cliachio ____________________

13. mecra orsela ____________________

14. mecusto da gabon ____________________

15. lanepol ____________________

16. chinamac cifatografa ____________________

17. gelimano ____________________

18. lantscol ____________________

19. lidasan ____________________

Che cos'è giusto?

Complete the sentences by marking the correct answer and writing it in the blank.

1. Il film comincia ______ mezz'ora, alle otto e un quarto.

   ☐ in ☐ fra

2. Domenica scorsa ______________ in campagna.

   ☐ siamo andati ☐ andavamo

3. Questa valigia è ______________. C'è il mio nome.

   ☐ mia ☐ di me

4. Ti ringrazio, è proprio un ______________ regalo.

   ☐ bello ☐ bel

5. ● E Raffaella, come sta?

   ▲ Si è trasferita in Francia, ____________?

   ☐ non lo sapevi ☐ non l'hai saputo

6. Giuseppe, ______________ le ciliegie, le ho già comprate io.

   ☐ non compra ☐ non comprare

7. ● Senti, mi presti l'ultimo romanzo della Maraini?

▲ Mi dispiace, ma adesso non _______________, l'ho dato a mia sorella.

☐ l'ho ☐ ce l'ho

8. Mi sono addormentato _______________ lo spettacolo continuava.

☐ mentre ☐ durante

9. ● La Sua patente per favore!

▲ _______________

☐ Qui è la patente! ☐ Eccola!

10. _______________ ha organizzato tutto lui.

☐ pratico ☐ praticamente

11. ● Hai telefonato a Gianbattista?

▲ No, non _______________ ho telefonato perché ci vediamo stasera.

☐ gli ☐ a lui

12. Al posto tuo questa casa non la _______________.

☐ vorrei vendere ☐ venderei

Cara Ornella!

Ornella has received a card from her friends. Unfortunately, raindrops have made the writing illegible in several places. Can you reconstruct the complete text?

Amalfi, 2 l o 1996

Cara Ornella,

siamo qui da una se mana e pensiamo
stare f o a metà luglio. Il osto è
s ndo, il tempo è un po' ins ile, e
per fortuna non tanto caldo.
Abbiamo affi o un appartamentin
a 200 met l mare. Claudio
og giorno va a pescare. Io sto
in spia a ndere sole.
sera c'è sempre cosa
intere : concerti, feste, sp co
teatrali... Inso proprio la
anza che ci voleva dopo il
voro de timi mesi. Nei

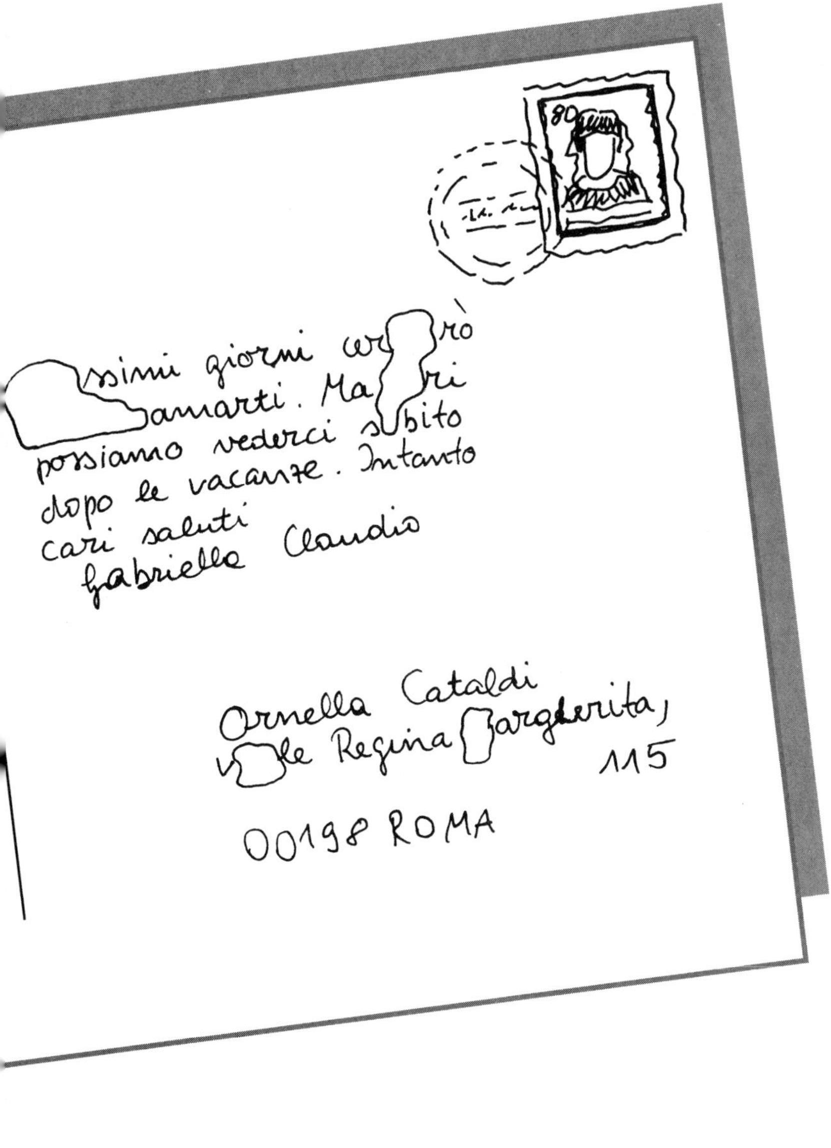
80
ssimi giorni scr rò
amarti. Ma ri
possiamo vederci s bito
dopo le vacanze. Intanto
cari saluti
Gabriella Claudio
Ornella Cataldi
V le Regina argherita,
115
00198 ROMA

QUICK CHECK 45 WATCH OUT: TRICK QUESTIONS!

Femminile o maschile

There are many words in Italian that differ only in gender and have completely different meanings. In the following sentences, underline the appropriate words.

1. Sabato si inaugura al castello il mostro/la mostra dell'antiquariato.

2. È strano ma questa strada non è segnata sulla pianta/sul pianto della città.

3. Negli ultimi anni il costo/la costa della vita è aumentato più che negli anni precedenti.

4. Questa medicina bisogna prenderla dopo i pasti/le paste.

5. In ottobre molti alberi perdono le foglie/i fogli.

6. Per comprare i biglietti ho dovuto fare il filo/la fila per più di un'ora.

7. Con questo sole è meglio mettersi un cappello/una cappella in testa.

8. La barca è rimasta ferma due mesi nel porto/nella porta.

9. Abbiamo litigato e mi ha tolto il saluto/la salute.

10. La pasta è pronta. Venite a tavola/al tavolo.

11. Per non svegliare i bambini sono entrata in punta/in punto di piedi.

12. Non riesco a togliere il tappo/la tappa di questa bottiglia. Prova tu.

13. Sono tutto sudato. Per arrivare in tempo ho fatto una corsa/un corso.

14. Mi dispiace signora, è stata imbrogliata. Questo braccialetto non è d'ora/d'oro.

15. La polizia ha sparato due colpi/colpe in aria. Allora i ladri si sono arresi.

Leggende metropolitane

Read the following stories, keeping in mind that we aren't sure that things really happened that way. Fill in the missing prepositions.

A.

ATTENTI AI SEMAFORI

Pericolosissimo girare ____ (1) Napoli: il rischio ____ (2) furti è costante, anche perché i napoletani sono espertissimi e fantasiosi. Una ____ (3) ultime tecniche inventate è utilizzata ____ (4) gruppetti ____ (5) ragazzini. Quando la macchina individuata come "vittima" si ferma ____ (6) un semaforo rosso la banda entra ____ (7) azione. Velocissimi, i ragazzini infilano dei mattoni ____ (8) la macchina ____ (9) alzarla ____ (10) terra e bloccarla. Poi altrettanto velocemente smontano le quattro ruote e se le portano via.

B.

PERICOLI DI MATRIMONIO

Una donna scopre dopo tanti anni ____ (1) matrimonio ____ (2) essere tradita ____ (3) marito. È più ____ (4) una delusione, è una scoperta terribile. Per questo la donna decide ____ (5) uccidersi gettandosi ____ (6) una finestra del loro appartamento. Abitano ____ (7) quarto piano. Lei apre la finestra e si butta giù. Ma proprio ____ (8) quel momento suo marito stava rientrando ___ (9) casa. Era proprio ____ (10) porta ____ (11) la chiave ____ (12) mano. Si vede arrivare addosso la moglie che gli cade proprio ____ (13) testa. Lui muore e lei invece si salva ____ (14) qualche giorno ____ (15) ospedale. Suo marito invece muore sul colpo.

QUICK CHECK 47 SOMETHING DIFFERENT

Proverbi

Which explanations match the proverbs below? Mark the correct answer(s) with an X. Watch out: In some cases, there are two correct answers.

1. *Non c'è due senza tre.*
   - ☐ a) Quando due persone litigano, c'è sempre una terza persona che ne approfitta.
   - ☐ b) Comprando tre cose invece di due si risparmia.
   - ☐ c) I guai non arrivano mai da soli.

2. *Tra il dire ed il fare c'è di mezzo il mare.*
   - ☐ a) Prima di fare una cosa difficile bisogna parlarne.
   - ☐ b) È più facile parlare di un progetto che realizzarlo.
   - ☐ c) La teoria è una cosa, la pratica un'altra.

3. *Meglio un uovo oggi che una gallina domani.*
   - ☐ a) È più sano mangiare le uova che la carne di pollo.
   - ☐ b) Prendi quello che puoi avere adesso senza aspettare troppo.
   - ☐ c) Se hai fame mangia subito qualcosa.

4. *Chi dorme non piglia pesci.*
   - ☐ a) Solo le persone attive possono avere successo.
   - ☐ b) Se vuoi mangiare il pesce devi essere ben riposato.
   - ☐ c) Al mercato si trova il pesce solo la mattina molto presto.

5. *Quando la gatta non c'è i topi ballano.*
   - ☐ a) Ai topi piace la musica, ai gatti no.
   - ☐ b) Quando i genitori non ci sono, i figli fanno quello che vogliono.
   - ☐ c) Se non c'è un controllo, tutti ne approfittano.

6. *Chi va piano, va sano e va lontano.*
   - ☐ a) È meglio essere prudenti che rischiare.
   - ☐ b) Per arrivare lontano non è necessario correre.
   - ☐ c) Chi va piano si stanca di meno.

7. *Prima o poi tutti i nodi vengono al pettine.*
   - ☐ a) Non conviene rimandare i problemi, perché arriva sempre il momento in cui si è costretti a risolverli.
   - ☐ b) Con i capelli lunghi è bene usare spesso il pettine.
   - ☐ c) Se ci sono dei problemi bisogna risolverli il più presto possibile.

8. *Fra moglie e marito non mettere il dito.*
   - ☐ a) In presenza di due persone che sono sposate non bisogna mai alzare il dito.
   - ☐ b) Quando marito e moglie litigano è meglio non intervenire.
   - ☐ c) È meglio tenersi a distanza da una coppia sposata.

9. *Natale con i tuoi, Pasqua con chi vuoi.*
   - ☐ a) La festa di Natale bisogna passarla in famiglia, a Pasqua ognuno può fare come meglio crede.
   - ☐ b) È bello passare le festività di Natale con gli amici.
   - ☐ c) Anche se non vuoi devi passare la festa di Pasqua con i tuoi.

10. *Il lupo perde il pelo, ma non perde il vizio.*
   - ☐ a) Attenti al lupo!
   - ☐ b) È più facile perdere i capelli che perdere una cattiva abitudine.
   - ☐ c) Una persona che ha un brutto carattere non cambia così facilmente.

Pronomi

Fill in the blanks in the following short dialogues with the missing pronouns. Watch out: In some cases, two pronouns are needed.

1. ● Vorrei delle mele.

   ▲ Quante __________ vuole, signora?

2. ● Guarda che bella questa maglietta!

   ▲ __________ fai provare?

3. ● Chi è quel ragazzo?

   ▲ Vieni che __________ presento.

4. ● Hai visto le foto dei bambini?

   ▲ No, fa__________ vedere.

5. ● Ti piace il teatro?

   ▲ Tantissimo, ma non _________ vado quasi mai.

6. ● Sentite, il mese prossimo mi sposo.

   ▲ Come, e __________ dici così?

7. ● È proprio simpatica la ragazza di Mario.

▲ Io non __________ conosco.

8. ● Hai dato i soldi a mio fratello?

▲ No, __________ do la prossima volta che viene.

9. ● Dove passate le vacanze?

▲ In Svezia, è la terza volta che _______ andiamo.

10. ● Sabato è il compleanno di Marco.

▲ Che cosa __________ regaliamo?

11. ● Come, __________ vai già?

▲ Si, __________ dispiace, ma sono stanchissima.

12. ● Perché non mandiamo una cartolina ai vicini?

▲ Buona idea, __________ scrivo subito.

Che lavoro fai?

Can you guess the professions of the persons below on the basis of their statements? Find the answers in the box below and write them in the blanks provided.

giornalista ☆ medico ☆ parrucchiere
tassista ☆ architetto ☆ farmacista
contadino ☆ impiegata di banca ☆ cuoco
infermiera ☆ vigile ☆ commessa ☆ macellaio
elettricista ☆ idraulico ☆ cameriere
insegnante ☆ pilota ☆ imbianchino
muratore ☆ estetista ☆ cantante

1. «Lavoro in un negozio di scarpe del centro. Mi piace il contatto con la gente anche se certe persone sono capaci di farsi portare 30 paia di scarpe da provare e dopo un'ora escono senza comprare niente.»

   ____

2. «Viaggio molto per lavoro, ma purtroppo di molte città conosco solo l'aeroporto e il teatro dove devo fare il concerto.»

   ____

3. «Potete immaginare cosa significa questo lavoro in una città con un traffico così caotico. C'è gente che ignora i semafori, parcheggia dove vuole. Oggi ho già fatto dieci multe per sosta vietata.»

   ____

4. «Nel mio salone vengono anche molti uomini a farsi fare maschere di bellezza, massaggi, manicure ...»

____

5. «Lavoro allo sportello, devo maneggiare tanti soldi che non sono miei e ho sempre paura di una rapina.»

____

6. «Preferisco lavorare di notte perché c'è meno concorrenza e posso guadagnare qualcosa in più. E poi guidare di notte per me non è così stressante.»

____

7. «D'accordo, è vero che con la mia professione si può guadagnare molto, ma sapete cosa significa essere in servizio anche per 36 ore di seguito? E non parliamo della responsabilità quando al pronto soccorso ti capita un caso urgente e devi decidere subito che cosa fare.»

____

8. «Mio padre mi diceva sempre di fare un altro mestiere, perché con la campagna non si poteva vivere. Ma da quando con alcuni amici abbiamo fondato la cooperativa e ci dedichiamo alla coltivazione biologica le cose vanno meglio.»

____

QUICK CHECK 50 **SOMETHING DIFFERENT**

«Aiuto, autista ubriaco»

Read the following article and decide whether statements on the opposite page are true T *or false* F.

Brutta avventura di un gruppo di italiani di ritorno dalle Canarie

BERGAMO - Vacanza esotica con finale nel terrore. È bastata un'ora e mezza nelle mani di un autista ubriaco che ha guidato il pullman come se fosse all'autodromo di Monza per distruggere nella ventina di turisti bergamaschi arrivati l'altra sera all'aeroporto di Milano gli effetti benefici di due settimane alle Canarie. La colpa di tutto è del ritardo dell'aereo. Il volo da Las Palmas è arrivato con ben quattro ore di ritardo. E così, Arturo Turani, 48 anni, l'autista delle autolinee Almici di Vobarno (Brescia) che avrebbe dovuto portare i turisti a Bergamo, si è seduto in un bar e mentre aspettava ha bevuto un bicchierino dopo l'altro. Cosicché, quando intorno alle 20 l'aereo alla fine è atterrato, l'autista era ormai completamente ubriaco. E i turisti saliti sul suo autobus se ne sono accorti subito.

«L'autista ha cominciato subito a parlare e a ridere, si girava verso di noi, staccava le mani dal volante - racconta uno dei passeggeri - ma quando gli dicevamo di stare attento alla strada o di fermarsi, lui cominciava a gridare e ad offendere.»

In autostrada ha cominciato anche ad accelerare raggiungendo i 140 chilometri orari. Ad Agrate i passeggeri disperati hanno deciso di lanciare l'SOS: hanno scritto su un grosso foglio di carta «Aiuto, autista ubriaco. Avvertite la polizia» ed hanno affisso il cartello al finestrino di fondo. L'automobilista che ha visto il cartello ha prima pensato ad uno scherzo, poi ha visto che l'uomo era davvero ubriaco e ha chiamato la polizia con il telefonino.

L'autobus è stato bloccato al casello di Bergamo. I poliziotti hanno ritirato la patente all'autista e l'hanno multato per eccesso di velocità e per guida in stato di ebbrezza. Lui però continua a negare: «Non è vero che ero ubriaco: ho bevuto solo un bianchino. Piuttosto erano i turisti ad avere fretta perché erano in ritardo. E quando io mi sono arrabbiato e li ho mandati al diavolo, hanno deciso di vendicarsi.»

1. ☐ I turisti bergamaschi stavano per andare in vacanza.

2. ☐ Hanno dovuto aspettare l'autobus per quasi quattro ore.

3. ☐ L'autista dell'autobus aveva bevuto troppo.

4. ☐ Quando i turisti sono saliti sull'autobus, non hanno capito subito che l'autista era ubriaco.

5. ☐ L'autista è andato sempre a più di 140 chilometri all'ora.

6. ☐ I passeggeri hanno cercato di convincere l'autista a fermarsi.

7. ☐ I turisti disperati hanno scritto su diversi fogli di carta «Aiuto, autista ubriaco» e li hanno lanciati fuori dal finestrino.

8. ☐ Un automobilista ha avvertito la polizia.

9. ☐ L'automobilista ha telefonato da una cabina telefonica.

10. ☐ All'inizio la polizia pensava che si trattasse solo di uno scherzo.

11. ☐ La polizia ha fermato l'autobus vicino a Bergamo.

12. ☐ Il viaggio dell'autobus è durato quasi 90 minuti.

13. ☐ L'autista è stato arrestato immediatamente.

14. ☐ L'autista ha detto che i turisti gli avevano offerto del vino bianco.

Answers

1

1. **le mani**
2. **le uova**
3. **le città**
4. **le braccia**
5. **le radio**
6. **gli zii**
7. **i drammi**
8. **i portacenere**
9. **le crisi**
10. **gli alberghi**
11. **i suoi problemi**
12. **i medici**
13. **i film**
14. **le dita**

TIP

Some nouns have two different plural forms, with different meanings as well:

l'osso—the bone	*gli ossi*—the individual bones *le ossa*—the skeleton
il membro—the member	*i membri*—the members *le membra*—the limbs
il muro—the wall	*i muri*—the walls (of houses) *le mura*—the city walls
il braccio—the arm	*i bracci*—the branches (of a river, for example) *le braccia*—the arms (of a person)
il ginocchio—the knee	*i ginocchi*—the individual knees *le ginocchia*—both knees

2

1. **in**disciplinato
2. **dis**ubbidiente
3. **in**utile
4. **dis**onesto
5. **ir**responsabile
6. **anti**autoritaria
7. **s**cortese
8. **a**politico
9. **s**conosciuto
10. **il**logico
11. **dis**pari
12 **in**opportuna
13. **in**stabile
14. **dis**abitato
15. **a**normale
16. **s**piacevole
17. **in**attivo
18. **dis**ordinato
19. **in**sicuro

3

1. 112, 691111
2. 31014
3. 113, 115
4. 25001
5. 682111
6. 685811

TIP

Police duties are performed by the *carabinieri* and the *polizia di stato (PS).* The *carabinieri* belong to the *esercito* (army) and are subordinate to the Minister of Defense, whereas the *polizia* reports to the Minister of the Interior.

The *carabinieri* were in existence under the Italian monarchy; the *polizia* was created in 1946, when the Italian Republic came into existence, as a supplement to the *carabinieri.* The range of duties of both police organizations are basically identical. A tourist who wants to report an accident or a theft can go to either law enforcement agency. The two organizations differ, however, in terms of their territorial presence. The *carabinieri* are distributed throughout the entire national territory of Italy. Their bases or police precincts (districts), called *comandi,* are found in both large cities and in small towns. Not every locality has a *comando dei carabinieri.* The *carabinieri* of a small town generally are also responsible for several smaller neighboring communities. The larger cities, however, have *questure della polizia* in addition to the *comandi dei carabinieri.* All the provincial capitals have a *questura,* as do larger tourist centers and cities with a large population or a high crime rate.

In addition, every city, as well as most smaller communities, has a *polizia municipale.* The members of this agency, *i vigili,* are directly subordinate to the mayor, and their duties are limited chiefly to regulating traffic, prosecuting minor breaches of the rules, and issuing *multe* (tickets). Prosecution of criminal offenses, however, is definitely not part of the *vigili*'s sphere of authority, although once in a while they support operations of the *carabinieri* or the *polizia,* for example, by securing the scene of a crime or by providing general security for concerts, soccer matches, election events, and the like.

4

1. le
2. La/la
3. gli
4. l'
5. Le/le
6. le
7. gli
8. l'
9. la
10. le
11. li

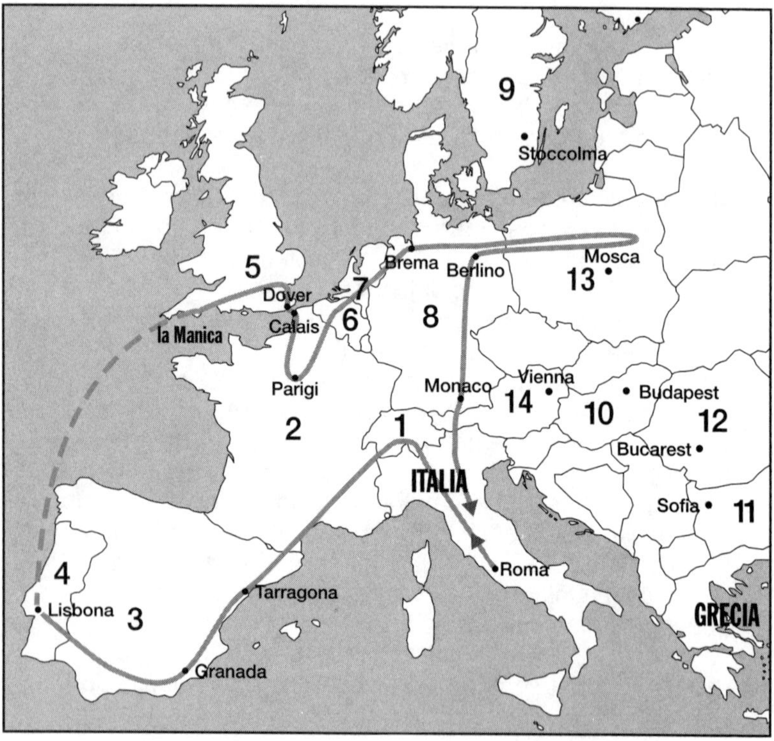

→ For more on "Pronouns," see QuickCheck 48.

5

1. Svizzera
2. Francia
3. Spagna
4. Portogallo
5. Inghilterra
6. Belgio
7. Olanda
8. Germania
9. Svezia
10. Ungheria
11. Bulgaria
12. Romania
13. Polonia
14. Austria

6

1. canteen—**la mensa:** The word *mensa* denotes both the lunchroom in larger firms and government agencies, as well as the cafeteria at a university.
   la cantina—**the cellar**
2. firm, company—**la ditta**
   la ditta—**signature**
3. camera—**la macchina fotografica.**
   But: videocamera—*la videocamera*
   la camera—**room**
4. the cost—**il costo**
   la costa—**the coast**
5. library—**la biblioteca**
   la libreria—**bookstore**
6. stipend—**la borsa di studio**
   lo stipendio—**salary, wages**
7. test—**l'esame** (m.)
   il testo—**text**
8. nun—**la monaca, la suora**
   la nonna—**grandmother**
9. lamp—**la lampada:** Generally used for lamps in rooms of a residence, such as floor lamps or desk lamps. A relatively large ceiling lamp is referred to as a *lampadario.*

   Other useful terms:
   electric light bulb—*la lampadina*
   flashlight—*la lampadina tascabile*
   street light—*il lampione*
   il lampo—**lightning:** Denotes only the visible flash, of a bolt of lightning: *Stanotte si vedono tanti lampi.* However, if the acoustic phenomenon and, above all, the consequences of the lightning are included, the correct term is *il fulmine: È stata uccisa da un fulmine.*—She was killed by lightning.
10. the post office—**l'ufficio postale**
    il posto—**place, seat:** has a variety of meanings:
    a. a place designated for something, or at which something is located; an available room in general: *Nell'armadio con c'è più posto.*—There's no more room in the cupboard/wardrobe.

b. a place to sit or stand: *il poste a sedere*—seat; *il posto in piedi*—standing room; *Scusi, è libero questo posto?*—Excuse me, is this seat/place vacant?
c. a ranked position, as in a competition: *essere al primo posto*—to be in first place
d. a general term for area or locality: *abitare in un posto tranquillo*—to live in a quiet area/place; *essere sul posto*—to be on the scene
e. a job: *Ha un posto in banca.*—He/She has a job at the bank. *Te l'hanno dato il posto?*—Did you get the job?

11. the factory—**la fabbrica**
la fattoria—**the farm(house)**, ranch

12. the police—**la polizia, i carabinieri, i vigili.**
➜ The differences are explained in QuickCheck 3.
la pulizia—**cleanliness**

TIP

Falsi amici are words that look very similar in Italian and English, but have very different meanings. Be careful if a word looks "too easy." It could be a "false friend."

7

(1) **è arrivato**
(2) **si è messo**
(3) **ha deciso**
(4) **era**
(5) **si è sdraiata**
(6) **ha deciso**
(7) **è sceso**
(8) **continuava a dormire**
(9) **erano**
(10) **si è svegliata**
(11) **si è accorta**
(12) **ha deciso**
(13) **si è allontanata**
(14) **è risalito**
(15) **ha ripreso**
(16) **era**
(17) **gridava**
(18) **cercava**
(19) **si è accorto**
(20) **c'era**
(21) **era**
(22) **stava scaricando**
(23) **si è accorto**
(24) **era**
(25) **è corso**
(26) **ha gridato**
(27) **hanno guardato**
(28) **era**

TIP

In a narrative, the *imperfetto* is used for the background happenings, and the *passato prossimo* is used for the course of events, the framework of the action.

Accordingly, the *imperfetto* is used in the following cases:

- Descriptions of persons, things, conditions, situations, and attendant circumstances of an event: *Era stanca, assonata . . .*
- Descriptions of habits and events that were repeated constantly: *Quando era giovane, giocava con sua nonna.*

The *passato prossimo* is used for:

- Completed events or actions: *Ha finito la lezione.*
- Several events and actions occurring in sequence: *Lui si è messo alla guida. Lei ha deciso di salire dietro.*

If a new action begins within a narrative while another one is still underway, the one just beginning is in the *passato prossimo*, while the one already in progress is in the *imperfetto: È sceso dall'auto mentre la moglie continuava a dormire. Ha ripreso il viaggio, mentre la moglie gridava e cercava inutilmente di farsi notare.* If several actions are going on simultaneously, the *imperfetto* is used: *Lavorava mentre ascoltava la radio.*

8

1. **c**, **d**
2. **b**, **c**
3. **c:** This question is always directed at a person's origin. If you want to ask where someone is coming from at the moment, you could say this: *Dove sei stato? Da dove vieni?* The second question, on the other hand, could also refer to origin.
4. **b**, **d**
5. **b**, **d**
6. **d**
7. **d:** Reaction c), though grammatically correct, would be interpreted as extremely rude.
8. **a**, **d**
9. **a**, **b**

9

4 *la buca delle lettere*—mailbox
9 *il semaforo*—traffic light
13 *le strisce pedonali*—pedestrian crossing
18 *il vigile*—traffic policeman
2 *il marciapede*—sidewalk
11 *la fermata*—stop (sign)
15 *la motocicletta/il motociclista*—motorcycle/motorcyclist
7 *la bicicletta/la ciclista*—bicycle/female cyclist
20 *l'edicola*—newsstand
1 *il manifesto*—poster
17 *la vetrina*—shop window
10 *la panchina*—bench
21 *la cabina telefonica*—(tele)phone booth
5 *la libreria*—bookstore
8 *la stazione metropolitana*—subway station
14 *il segnale stradale*—road sign
19 *la tabaccheria*—tobacconist's shop
3 *la pista ciclabile*—bike path
12 *il pedone con telefonino*—pedestrian with a cellular phone
16 *il parcometro*—parking meter

TIP

Other useful words and expressions:

la zona/l'isola pedonale	pedestrian zone/island
la corsia di sorpasso	passing lane
la facciata	front/facade
dare la precedenza	to yield the right of way
girare	to turn
attraversare la strada/la piazza	to cross the street/square
scontrarsi con qualcuno/qualcosa	to run into someone/something
sorpassare	to pass

il panettiere, il fornaio	baker
il panificio, la panetteria	bakery
Vado dal panettiere/dal fornaio/in panificio	I'm going to the bakery/ baker's.
il macellaio/la macelleria	butcher/butcher's (shop)
il tabaccaio/la tabaccheria	tobacconist's shop, cigar store
il salumiere/la salumeria	grocer/grocery (store)
il supermercato	supermarket
l'ipermercato	shopping club
la cartoleria	stationery store
il negozio di abbigliamento/ di scarpe	clothing/shoe store
il negozio di elettrodomestici	household appliance store
il mobilificio	furniture store

10

1. False
2. True
3. False
4. True
5. False
6. False

TIP

In Italy you can make a telephone call not only from a phone booth, but in most cases from a bar as well. A sign will tell you whether a bar has a public telephone available. In some bars there are also phone booths where you can make a call undisturbed. The phones in booths generally are operated with coins or phone tokens—*gettoni*—and with phone cards—*schede telefoniche.* With calls placed from phone booths in bars, once your conversation is over you pay *al banco* or *alla cassa*, according to the units used—the *scatti. Schede telefoniche* can be bought in any *tabaccheria.*

11

2. a: **Italian Automobile Club** (comparable to the American AAA)
   b: **Automobile Club d'Italia**
3. a: **B.C.** (before Christ)
   b: **avanti Cristo;** similarly: *d.C.—dopo Cristo*—A.D., anno Domini (in the year of the Lord)
4. a: **Italian currency quotation;** you will encounter it especially on price tags and in banking transactions, for example, when changing money or cashing a check.
   b: **Lira italiana**
5. a: **State railways** (Europe)
   b: **Ferrovie dello Stato**
6. a: **Value added tax (VAT)** in Italy
   b: **Imposta sul Valore Aggiunto**
7. a: **Found especially on wine bottles;** guarantees that the wine in question really was bottled at the place stated.
   b: **Denominazione di Origine Controllata**
8. a: **This abbreviation might be seen on yellow signs in front of Italian post offices.**
   b: **Poste e Telegrafi**
9. a: **Stands for current/giro account**
   b: **conto corrente**
10. a: **Abbreviation for zip code number in Italy**
    b: **Codice di Avviamento Postale**
11. a: **UN**
    b: **Organizzazione delle Nazioni Unite**
12. a: **EC (European Community)**
    b: **Comunità Europea**
13. a: **Stock corporation**
    b: **Società per Azioni**

TIP

Other frequently used abbreviations:

Sig.a	*Signora*
Sig.	*Signore*
Dott./Dott.ssa	*Dottore/Dottoressa*
P.zza	*Piazza*
V.	*Via*
V.le	*Viale*
ecc.	*eccetera*
incl.	*incluso*

12

1. **Fammi vedere queste foto!**
2. **Chiuda la finestra per favore.**
3. **Ripeta l'ultima frase, per favore.**
4. **Passami il pane, per favore.**
5. **Mi aiuti a scendere la valigia.**
6. **Venga a trovarmi qualche volta.**
7. **Dimmi dove sei stato.**
8. **Controlli l'olio per favore.**
9. **Abbassi il volume della radio, per favore.**
10. **Dagli la cassetta!**
11. **Chiamateci domani sera.**
12. **Spostatevi un po'!**

TIP

The imperative is used to express commands, requests, exhortations, or suggestions. With verbs that end in *-ere* and *-ire,* the imperative of the second person singular (familiar form) is identical with the second person singular present tense; with verbs ending in *-are,* the imperative ends in *-a.* The imperative forms of the first and second persons plural are the same as the corresponding present tense forms.

For the imperative of the polite form of address in the singular, the third person singular present subjunctive form is used. Accordingly, the imperative form of address for verbs ending in *-are* ends in *-i*; for verbs ending in *-ere* and *-ire*, the ending *-a* is used.

In Italian, it generally makes no difference whether the people address each other with the polite or the familiar pronoun. Usually only one form—the second person plural present tense—is used, e.g., *Spegnete la luce!* However, Italian also has a polite imperative for very polite exhortations in the plural; it is identical with the third person plural present subjunctive form: *Spengano la luce!*

Irregular forms of the imperative:

	andare	*avere*	*dare*
Familiar			
Singular	va'/vai	abbi	da'/dai
Plural	andate	abbiate	date
Polite			
Singular	vada	abbia	dia
Plural	andate/vadano	abbiate/abbiano	date/diano

	dire	*essere*	*fare*
Familiar			
Singular	di'	sii	fa'/fai
Plural	dite	siate	fate
Polite			
Singular	dica	sia	faccia
Plural	dite/dicano	siate/siano	fate/facciano

	stare	*venire*
Familiar		
Singular	sta/stai	vieni
Plural	state	venite

Polite		
Singular	stia	venga
Plural	state/stiano	venite/vengano

When the imperative is negated, the imperative form *non* precedes the verb. Attention: For the negated imperative of the second person singular (familiar form), the infinitive is used:

Non parlare!	Don't speak!
Non parliamo!	Let's not speak!
Non parlate!	Don't speak! *(plural)*
Non parli!	Don't speak! *(singular)*
Non parlino!	Don't speak! *(plural)*

Personal pronouns are attached to the imperative: *Guardami, telefoniamogli, prendetelo.* In the polite form, however, the pronoun precedes the imperative: *Mi guardi, non gli dia niente.*

13

2. **un milione novecentosettantacinquemila**
3. **seicentoquarantunmila**
4. **centunmila**
5. **ottantottomilaquattrocento**
6. **sessantasettemila**
7. **trecentosettantacinquemila**
8. **tre milioni duecentonovantottomila**
9. **ottocentomila**
10. **settantacinquemila**

TIP

0	zero
10	dieci
11	undici
12	dodici
13	tredici
14	quattordici
15	quindici
16	sedici
17	diciassette
18	diciotto
19	diciannove
20	venti
21	ventuno
22	ventidue
23	ventitré
30	trenta
50	cinquanta
60	sessanta
70	settanta
80	ottanta
90	novanta
100	cento
101	centouno/centuno/cento e uno
108	centootto/centotto
111	centoundici
180	centottanta
200	duecento
1 001	milleuno/mille e uno
2 000	duemila
25 704	venticinquemilasettecentoquattro
32 660	trentaduemilaseicentosessanta
2 000 000	due milioni

The cardinal numbers are masculine in Italian: *Il 17 è un numero che porta sfortuna.*—The number 17 is unlucky. *Venti, trenta, quaranta, cinquanta,* etc., drop the final vowel when combining with *-uno* before nouns: *trentun libri, quarantun pagine*—thirty-one books, forty-one pages.

Be careful when writing *venti, trenta,* etc., in combination with "uno" and "otto": here the *-i* of *venti* and the *-a* of *trenta, quaranta,* etc. is dropped and become v*entuno, cinquantotto,* etc., The plural of *mille* is *mila.* "Two thousand," "three thousand," etc., are written as solid compounds: *mille lire*—one thousand lire, *duemila lire*—two thousand lire.

Nouns following *milione* and *miliardo* are preceded by *di: tre milioni di abitanti*—three million inhabitants; *cinque miliardi di lire*—five billion lire, but: *trentamila studenti*—thirty thousand students.

In Italy, when cashing a check you have to fill out a form and present personal documentation. As a rule, there is also a handling charge of around 2,000 to 5,000 lire, which is either deducted from your account or paid directly at the teller's window.

➜ For more on numerals, see QuickCheck 36.

14

1. **pesce**—fish
2. **leone**—lion
3. **mulo**—mule
4. **mosca**—fly
5. **volpe**—fox
6. **uccello**—bird
7. **cane**—dog
8. **tartaruga**—turtle
9. **scimmia**—monkey
10. **asino**—ass

15

1. la **tazza**—cup (*la tassa*—tax)
2. la **carne**—meat (*il cane*—dog)
3. la **fama**—fame (*la fame*—hunger)
   di grande fama—very famous
4. **estranea**—foreign, alien (*strana*—strange, odd)
   The masculine forms of these two adjectives are *estraneo* and *strano.*
5. **al lotto**—in the lottery (*alla lotta*—in battle)
6. il **test**—test (*il testo*—text)
7. **stupido**—stupid (*stupito*—amazed, surprised)
   Stupito is the past participle of the verb *stupirsi: Mi sono stupito che non era venuta.*—I was surprised that she didn't come. Not to be confused with the adjective *stupendo*—wonderful, marvelous.
8. la **moda**—fashion (*il modo*—manner, way)
   Note the difference between *di moda*—fashionable in the sense of "trendy, in fashion," and *moderno*—modern in the sense of "contemporary, up-to-date."
9. l'**officina**—workshop (*l'ufficio*—office)
10. il **golfino**—(lightweight) cardigan (*il golfo*—gulf)
11. **dell'ottimo pesce**—very good fish
    delle ottime pesche—very good peaches
    La pesca can mean both "peach" and "fishing; fishery; catch": *Andiamo a pesca.*—We're going fishing.
12. questo **modello**—this model
    questa modella—this (artist's or fashion) model (mannequin)
    As in English *modello* is used not only for dresses, but for other objects as well, such as cars, washing machines, and the like.
13. il **nonno**—grandfather (*il nono*—the ninth)
14. la **segretaria**—the secretary (*la segreteria*—secretary's office; secretarial staff)
    Also useful: *la segreteria telefonica*—answering machine
15. l'**ombrellone**—sunshade, parasol (*l'ombrello*—umbrella)

16. questo partito—this party (*questa partita*—this game, match)
Note the difference: *la partita* refers to a competitive game played for a specified time, while *gioco* is a game in the general sense of play, sport, or recreation: *Hai visto la partita Italia-Brasile? Hanno vinto i brasiliani.*— Did you see the game between Italy and Brazil? Brazil won. *Ai bambini piacciono i giochi.*—Children like games.

17. i **cappelli**—hats (*i capelli*—hair; hairs)
il cappello—individual hair
Il capello and *i capelli* always refer to the hair on a human head. For body hair and animal hair, use *il pelo, i peli.*

18. la **coppia**—couple, pair (*la copia*—copy; example, specimen)
Note the difference between *coppia* and *paio: Angela e Mario sono proprio una coppia simpatica.* Angela and Mario are really a nice couple. *Mi serve un paio di guanti.*—I need a pair of gloves.

19. regaliamo from *regalare*—to bestow, to make a present of (*regoliamo* from *regolare*—to regulate)

20. il **coperto**—place setting (at a table) (*la coperta*—cover; blanket)
In restaurants in Italy, a charge of about 3,000 to 8,000 lire per person for *pane e coperto* is customary.

TIP

You need to practice the words you frequently confuse—for example, by using them in sentences. You can start right now by making up sentences that contain the "false" words in this QuickCheck.

You also can try setting up a semantic network. Write the difficult word in the center of a sheet of paper, then write down everything you associate with that word—antonyms, words with similar meanings, generic terms, suitable adjectives, turns of phrase, or your own very personal associations.

Example:

la carne

- non mangio . . .
- . . . di maiale
- sangue
- si compra . . . dal macellaio
- la bistecca
- è cara

16

1. **Non siamo mai stati in quel paese./Non siamo stati mai in quel paese.**
2. **Il mio medico mi ha detto di non bere né vino né birra./Il mio medico mi ha detto di non bere né birra né vino.**
3. **Sono stata a casa tutto il giorno,/Sono stata tutto il giorno a casa, ma non ha telefonato nessuno.**
4. **I ladri hanno cercato dappertutto, ma non hanno trovato niente./I ladri non hanno trovato niente, ma hanno cercato dappertutto.**
5. **Neanche sua moglie sapeva dove fosse andato.**
6. **Dopo quella sera non voleva più parlare con me./ Dopo quella sera non voleva parlare più con me.**
7. **Non mi volevano nemmeno invitare.**
8. **Non si poteva mai dirgli niente./Non si poteva dirgli mai niente.**
9. **Non siamo mica stati noi a dirglielo./Non siamo stati mica noi a dirglielo.**
10. **Nessuno lo sa meglio di lei.**

TIP

Niente, nessuno, mai, neanche, nemmeno, and *più* are used in double negative constructions. If these negating elements stand at the beginning of a sentence, *non* is omitted (see sentences 5 and 10).

Be careful when translating the following sentences:
a. He has never given me *anything.*
b. We have never seen *anyone.*

"Anything" and "anyone" here are translated with *niente* and *nessuno*, respectively, because of the preceding negation:
a. Non mi ha mai regalato *niente.*
b. Non abbiamo mai visto *nessuno.*

17

1. il **calcio**
2. la **pallavolo**
3. il **nuoto**
4. la **vela**
5. la **pallacanestro**
6. il **pattinaggio**
7. il **ciclismo**
8. l'**ippica**
9. l'**alpinismo**
10. la **pesca**
11. l'**atletica leggera**
12. la **pallamano**
13. il **tennis**

TIP

To refer to active engagement in a sport, Italians generally use the verbs *fare* or *praticare.* For ball games, however, the verb *giocare* is used:
fare/praticare il nuoto/l'alpinismo—to swim/to climb, do (rock-)climbing
giocare a calcio/a tennis—to play soccer/tennis

Other useful words from the world of sports:

la squadra	team
il giocatore	player
l'arbitro	umpire, referee
il guardialinee	linesman
la rete	goal (on the playing field); the goal (scored)
il gol	goal (scored)
la vittoria	victory, the win
la sconfitta	defeat, the loss
la partenza	start
l'arrivo	finish
il primato, il record	record
segnare un goal	to score a goal
vincere	to win; to defeat
perdere	to lose

Incidentally, there are three Italian daily newspapers *(La Gazzetta dello Sport, Corriere dello Sport, Stadio)* that report only on sports events.

18

1. **Magari!**—I wish (it were so)!
2. **Era ora!**—It was high time!; also possible: *Meno male.*
3. **Meno male!**—It's a good thing!; used only when a possible misfortune has been successfully averted. Other strokes of luck are greeted with *Che fortuna!*
4. **Beata te!**—You lucky thing!
5. **Ma non è possibile!**—But that's impossible!
6. **Che fortuna!**—What luck!, How lucky!
7. **Che guaio!**—What a fix!; also possible in this situation: *Oddio!*
8. **Caspita!**—Good gracious!; also possible: *Accidenti!*
9. **Mi dispiace molto.**—I'm very sorry.
10. **Complimenti!**—Congratulations!
11. **Tanti auguri!**—Best wishes!

TIP

Magari can also mean "maybe, probably, even": *Telefoniamo a Giuliana? Magari viene anche lei.*—Shall we phone Giuliana? Maybe she'll come along.

In colloquial conversation in Italy, swear words, such as *Porca miseria! Porco cane! Porco mondo! Mamma mia! Dio mio! Accidenti!* are used frequently, primarily when something goes wrong, or as an expression of surprise.

19

1. **a**bito
2. te**le**fono
3. chi**lo**metro
4. gen**ti**le
5. tratto**ri**a
6. s'ac**co**modi
7. fo**to**grafo
8. **gio**vane
9. psi**co**logo
10. leg**ge**ro
11. au**stri**aco
12. re**ga**lo
13. **lam**pada
14. **fab**brica
15. **por**tami il libro
16. segrete**ri**a
17. metropoli**ta**na
18. te**le**fonami
19. ceri**mo**nia
20. Lombar**di**a

TIP

When pronouns are attached to verbs, as in the imperative, the stress does not change: *Re**ga**la la giacca a me. Re**ga**lami la giacca. Re**ga**lamela.*

If you are uncertain which syllable to stress, you can check the dictionary. There, for the word *regalo,* you will find the phonetic transcription with the stressed syllable preceded by a stress mark: [re'ga: lo]

20

1. **bene;** *buono,* on the other hand, is an adjective. Since the action expressed by the verb is being described, the adverb *bene* has to be used.
2. **viene** or **verrà**
3. **Stasera** or **Questa sera;** similarly: *stamattina/questa mattina, stanotte/questa notte,* but: *oggi pomeriggio.*
4. **avessi;** ➜ note the TIP that follows.
5. **faceva troppo freddo.**
   ➜ For statements about the weather, see QuickCheck 23.
6. **Sono stata/stato**
   ➜ The use of the *imperfetto* and the *passato prossimo* is discussed in QuickCheck 7.
7. **mi è venuta a trovare** or **è venuta a trovarmi;** the verb "to visit" usually is translated with *andare a trovare*—to call on, to go and see, or *venire a trovare*—to come and see. The perspective of the speaker is the determining factor:
   Quando vieni a trovarmi?—When are you coming to see me?
   Sono andata a trovare Luca.—I went to see Luca.
   Carla è andata a trovare suo zio.—Carla went to see her uncle.
   At an elevated level of diction, one also finds *fare visita a qualcuno*—to pay someone a visit, to call on someone.
   Visitare, however, means "to examine (medically)," as well as "to view; to visit (a museum, monument, etc.)":

Il medico visita il malato—The doctor examines the sick man.
visitare una città—to visit a city
visitare un museo—to visit a museum

8. **telefonarti** or **ti posso telefonare**
9. **vado a letto** or **vado a dormire**
10. **loro;** the possessive pronoun *loro* is an exception among Italian possessive pronouns. It is invariable and therefore does not agree either in gender or in number with the noun to which it refers: *la mia casa, le sue case, la loro casa, le lore case.*
11. **fatto (la)**
12. **chiedi a;** remember that the verb *chiedere* takes an indirect object.
    → For more on this topic, see QuickCheck 3.
13. **tanto/molto (tempo)** or **a lungo**
14. **troppo** or **molto;** *troppo* means "too much."

TIP

Re sentence 4: an unreal conditional clause consists of a principal (independent) clause and a subordinate (dependent) clause. The subordinate clause is introduced by the conjunction *se* (*se* clause) and contains a condition that could only theoretically be fulfilled or realized. Its fulfillment or realization seems improbable or unrealistic. The imperfect subjunctive is used in the *se* clause, while the conditional I is used in the principal clause.

Se clause: unreal condition	Principal clause: consequence
Se avessi più tempo, If I had more time,	*dormirei di più.* I would sleep longer.
Se fossi ricco, If I were rich,	*farei tanti viaggi.* I would travel a lot.

21

1. **diciamo**
2. **vai**
3. **vengono**
4. **fate**
5. **esco**
6. **diamo**
7. **scelgo**
8. **possiede**
9. **propongo**
10. **paghi**
11. **tiene**
12. **spengono**
13. **rimangono**
14. **puoi**

Solution: **Dante Alighieri**

TIP

Dante Alighieri (1265–1321) is considered to have been the most important poet in Italy's cultural history. Generally, like kings and popes, he is known only by his first name, a privilege thus far accorded no other writer. His masterpiece, *La Divina Commedia*, set standards for Italian literature. *La Divina Commedia* is the story of a visionary journey by the poet through the three realms of the afterlife: *Inferno, Purgatorio, Paradiso.* In the allegorical sense of the Middle Ages, it represents the path that leads the sinful soul to eternal salvation. On his travels Dante speaks with the souls of deceased persons of note, discussing matters of theology and philosophy, the Church, the State, and Italy. Thus *La Divina Commedia* comprehensively embraces the intellectual and spiritual issues of the Middle Ages.

Dante (as well as Petrarch and Boccaccio) made a significant contribution to the development of Italian as a literary language by writing their great works in Tuscan (Florentine) dialect, rather than in Latin as was customary at that time. By the end of the fourteenth century, Tuscan had become the literary language of Italy, in which all poets, novelists, and academicians wrote.

22

1. il **lago di Garda**
2. la **Biennale**
3. il **Ferragosto**
4. il **formaggio parmigiano**
5. il **Vesuvio**
6. la **Fontana di Trevi**
7. il **Teatro alla Scala**
8. la **valle d'Aosta**

TIP

The name *Biennale* originally referred to the international art exhibition held in Venice every two years since 1895. In 1932, as part of the *Biennale,* the *Mostra Internazionale d'Arte Cinematografica* was held for the first time. Now when we speak of the *Biennale,* which occurs every year, we often mean the world-famous film festival.

For most Italians, the *ferragosto* is the highpoint of the summer holidays. By the week before and after August 15, most Italians have already left for their vacation destinations. Most businesses, as well as many shops, banks, restaurants, and supermarkets, are closed during this period.

Vesuvius (1,277 meters above sea level) was thought to be extinct in ancient times, but in 79 A.D. a huge eruption destroyed the towns of Pompeii, Herculaneum, and Stabiae. Since then, periods of increased activity have alternated with periods of inactivity lasting several years. The last great eruptions occurred in 1906 and 1944.

The region known as *Valle d'Aosta* (about 115,000 inhabitants) lies in northwestern Italy. After the cession of Savoy to France in 1860, the region remained part of Italy, despite the resistance of the predominantly French-speaking population. Since 1945, Valle d'Aosta has had the status of an autonomous region with special rights in the economic and cultural spheres.

23

1. **ogni;** but: *tutti i giorni, ogni giorno*—every day
2. **panchina;** *la banca*—the bank (financial institution)
3. **anziano;** *vecchio* is considered too direct, lacking in respect; it is avoided in dealings with people whenever possible
4. **Che cos'hai?;** *che cosa ti manca?* only when a concrete object is lacking
5. **si è ammalata**
6. **quant'è**
7. **che**

8. **la settimana dopo;** *la settimana prossima* is used only from a present perspective: *La settimana prossima vado in vacanza.*—Next week I'm going on vacation.
9. **ha recitato;** *giocare* is used to refer to a game; *suonare* is used in connection with a musical instrument; *giocare a dama*—to play checkers, *suonare la chitarra*—to play the guitar
10. **hanno votato;** *scegliere* means to choose, to select (among several alternatives)
11. **ti togli;** *togliersi* when you take off individual garments, *spogliarsi* when you undress completely
12. **danno**
13. **ordinare;** *mettere in ordine*—to set in order
14. **ci vogliono**
15. **c'è;** if a location is specified first, *esserci* is used.

24

1. **Don't look a gift horse in the mouth.**
2. **The fruit doesn't fall far from the tree./Like father like son.**
3. **When in Rome, do as the Romans do.**
4. **Out of sight, out of mind.**
5. **Money opens all doors.**
6. **Laughter is the best medicine.**
7. **One swallow doesn't make a summer.**
8. **Practice makes perfect.**
9. **Time will tell.**
10. **Man proposes, God disposes.**
11. **All's well that ends well.**
12. **Too many cooks spoil the broth.**
13. **Opportunity makes the thief.**
14. **Truth will out** (literally, **lies have short legs).**
15. **Barking dogs don't bite./His bark is worse than his bite.**
16. **In union there is strength.**
17. **All that glitters is not gold.**
18. **No rose without a thorn.**

TIP

Proverbs are relatively easy to memorize. They can come in handy when you are learning a foreign language, because the ones you have memorized will enrich your vocabulary substantially. If you just can't think of the Italian word for "spring," first think of an English proverb; then the Italian equivalent will surely come to mind, and with it the word *primavera.*

→ For additional proverbs, see QuickCheck 47.

25

1. f	**3. d**	**5. c**	**7. e**
2. h	**4. g**	**6. a**	**8. b**

TIP

In many families, a warm meal is frequently served both at midday and in the evening. Breakfast—*la colazione*—however, is usually quite spartan by American standards. Most people have nothing more than a *caffè* or a *cappuccino* and at most, something sweet, such as a few *biscotti* or a *cornetto* (croissant).

26

1. il **pesce**
2. la **talpa**
3. il **cane,** il **gatto**
4. i **polli**
5. il **gambero**
6. la **lumaca**
7. il **lupo**
8. il **coccodrillo**
9. il **cavallo**
10. l'**elefante**
11. la **volpe**
12. la **mosca**
13. il **cane**

27

1. **no preposition; da; a**
2. **no preposition; a; no preposition**
3. **a**
4. **di; di; a/ad**
5. **di; di; a; di**
6. **no preposition**

TIP

The use of prepositions before infinitives is determined by the preceding nouns, adjectives, or verbs. The following pointers, therefore, can give you only some rough guidelines.

1. In most cases the infinitive is preceded by *di* with nouns, adjectives, and verbs.
2. The infinitive is used without a preposition
   - after *dovere, potere, volere, sapere, fare, lasciare, amare, desiderare, intendere, preferire.*
   - after verbs of perceiving such as *sentire, vedere, guardare.*
   - after impersonal verbs and expressions such as *basta, bisogna, mi piace, è meglio, è difficile.*
3. The infinitive is used with *a*
   - after verbs of motion such as *andare, correre, venire.*
   - after *abituarsi, aiutare, cominciare, continuare, imparare, provare, rinunciare, riuscire.*
4. The infinitive with *da* is used primarily
   - after statements of definite or indefinite quantities, such as *molto, poco, niente, qualcosa.*

The sentence "I tried to phone you" can thus be expressed in two ways: *Ho cercato di telefonarti. Ho provato a telefonarti.*

Note also the following distinction:
decidere di fare qualcosa—to decide to do something.
decidersi a fare qualcosa—to decide to do something.
Abbiamo deciso di comprare una casa.—We decided to buy a house.
Ci siamo decisi a comprare una casa.—We decided to buy a house.

➜ For more on the use of prepositions, see QuickCheck 46.

28

1. c	**4. a**	**7. k**	**10. e**
2. g	**5. h**	**8. f**	**11. i**
3. d	**6. j**	**9. b**	

TIP

You probably would like to read a newspaper article or a short story, but are still reluctant because you would encounter a great many unfamiliar words. You can lower your "threshold of inhibition" by consciously employing certain strategies when you read, strategies that can help you understand the text. Here are a few tips:

1. Over the course of its history, English has taken over many words from other languages, the Romance languages in particular. Many English and Italian words are therefore similar. When you see words like *acquedotto* and *processo*, you are certain to think of aqueduct and process.
2. If you have already learned another foreign language, you should make conscious use of your knowledge. If you already know *la fontaine* in French, *la fontana* should not be a problem.
   ➜ On the other hand, you always need to be on the lookout for *falsi amici.* For more on this topic, see QuickCheck 6.

3. In some cases you can guess the meaning of unfamiliar words from the context.

➔ For additional tips on expanding your vocabulary, see QuickCheck 33.

29

1. Ieri ha fatto bel tempo. Ieri il tempo è stato bello.
2. A Firenze c'è il sole.
3. Ha/è piovuto tutta la notte.
4. Oggi c'è molto vento.
5. A Torino nevica.
6. A Milano c'è (la) nebbia.
7. In Sicilia fa molto caldo.
8. Che tempo farà la prossima settimana./Come sarà il tempo la prossima settimana?
9. In dicembre faceva/ha fatto abbastanza freddo.
10. Oggi il tempo è più bello.
11. La settimana passata/scorsa ci sono stati 34 gradi.
12. A Firenze la temperatura è scesa/diminuita di 10 gradi.

TIP

Meteorological regularities have "precipitated" in Italian as well, in the form of popular sayings of a proverbial nature:
Rosso di sera, bel tempo si spera. Red sky at night, shepherd's delight (literally, when the evening sky seems reddish, you can expect fine weather the following day).
Cielo a pecorelle, pioggia a catinelle. A mackerel sky is never long dry (literally, fleecy clouds indicate that heavy showers are in the offing).

30

1. a, b, d
2. b, c, d
3. a, c, d
4. a, b, d
5. a, b, c
6. b, c, d
7. a, b, c

TIP

When you ask someone for something, you have a wide variety of linguistic possibilities available. The situation in which you find yourself and the tone in which the request is expressed are determining elements in your selection.

Basically, keep in mind that the imperative lends special emphasis to a request. To avoid appearing impolite, don't forget to add *per favore, per cortesia,* or *per piacere,* either before or after the request: *Per favore, passami il pane.*—Please pass me the bread. *Chiudi la finestra, per cortesia.*—Close the window, please.

If you want to formulate a request or a recommendation more cautiously, you can either cloak it in the interrogative form or weaken it by using *potere* or *dovere: Mi fai vedere quel libro?*—Will you let me see the book? *Potete/ Potreste prestarmi 50000 lire?*—Could you loan me 50,000 lire? *Dovresti mangiare più frutta.*—You ought to eat more fruit.

Another way of expressing a request cautiously is to insert the phrase *ti/Le/vi dispiace* + infinitive: *Ti dispiace portarmi questa lettera alla posta?*—Would you mind taking the letter to the post office for me?

Finally, you can induce someone to perform an action by hinting more or less discreetly at certain circumstances. Instead of the direct *Chiuda la fenestra!* you can say this: *Qui c'è un po di corrente.*—It's a little drafty in here.

31

1. **Torino**
2. **Firenze**
3. **Messina**
4. **Pisa**
5. **Verona**
6. **Roma**
7. **Venezia**
8. **Napoli**

32

1. l'**asciugamano**—towel
2. il **portafogli**—wallet
3. l'**aspirapolvere**—vacuum cleaner
4. il **giradischi**—record player
5. il **guardaroba**—wardrobe, cupboard
6. l'**accendisigari**—cigar/cigarette lighter
7. l'**apribottiglia**—bottle opener
8. lo **spremiagrumi**—citrus press
9. lo **stuzzicadenti**—toothpick
10. il **passaporto**—passport
11. lo **scaldabagno**—boiler
12. il **tostapane**—toaster
13. la **lavastoviglie**—dishwasher
14. il **grattacielo**—skyscraper

TIP

These compound words referring to persons are a combination of verb + nouns:
un ficcanaso—busybody
un guastafeste—spoilsport
un rompiscatole—pain in the neck

33

1. **Abbiamo**
2. **è**
3. **è**
4. **è**
5. **Abbiamo**
6. **abbiamo**
7. **ha**
8. **sono**
9. **sono**
10. **è**
11. **sono**
12. **sono**
13. **è**
14. **è**
15. **hai**
16. **Ho**

TIP

As you know, most verbs are conjugated with *avere* in the *passato prossimo* (present perfect), others require *essere*. The following guideline will help you decide which to use:

1. Reflexive verbs form the *passato prossimo* with *essere:*
   abituare: mi (ci) sono abituato (-a)—I got used to it
   alzarsi: mi sono alzato (-a)—I got up
   sposarsi: mi sono sposato (-a)—I got married
2. Some verbs that are used in the same way as *piacere* form the *passato prossimo* with *essere*:
   bastare: Per superare l'esame è bastato solo studiare.—One only has to study to pass the test.
   costate: La macchina costat troppo.—The automobile cost too much.
   durare: La lavastoviglie è durata dieci anni!—The dishwasher has lasted ten years!
   piacere: Quello spettacolo mi è piaciuto—molto.—I liked that show a lot.
   sembrare: Luisa è sembrato molto triste ieri.—Luisa seemed very sad yesterday.
3. The impersonal or impersonally used verbs require *essere:*
   dispiacere: mi è dispiaciuto—I was sorry
   sembrare: mi è sembrato (-a)—it seemed to me
4. A number of verbs are conjugated with *avere:*
   camminare: ho camminato—I walked
   nuotate: ho nuotato—I swam
   passeggiare: ho passeggiato—I went for a walk
   sciare: ho sciato—I skied
   viaggiare: ho viaggiato—I traveled
5. Some verbs, especially those dealing with the weather, and the modal verbs, can be conjugated with *essere* or with *avere:*
   dovere: è dovuto (-a)/ha dovuto—he/she/it had to
   volere: è voluto (-a)/ha voluto—he/she/it wanted
   potere: è potuto (-a)/ha potuto—he/she/it was able/could
   grandinare: è/ha grandinato—it hailed
   nevicare: è/ha nevicato—it snowed
   piovere: è/ha piovuto—it rained
   In one group of verbs, the change from *essere* to *avere* changes the meaning:
   cambiare
   Marisa è cambiata.—Marisa has changed.
   Marisa ha cambiato casa.—Marisa has moved.

passare
L'autobus è già passato.—The bus has already passed.
Ho passato le vacanze al mare.—I spent my vacation at the seashore.

34

1. **Incorrect**; . . . non mi sento **bene.**
2. **Correct**
3. **Incorrect**; adesso guadagno **esattamente . . .**
4. **Incorrect**; . . . e veramente **brutto.**
5. **Incorrect**; . . . e senz'altro **migliore . . .**
6. **Incorrect**; ho parlato **brevemente . . .**
7. **Correct**
8. **Incorrect**; . . . sto ancora **peggio** di ieri.
9. **Correct**
10. **Incorrect**; questa e la **miglior(e)** pizza . . .

TIP

In Italian there is always a distinct difference in form between adjective and adverb. Many adverbs are derived from adjectives with the ending *-mente*; there are also so-called original adverbs, like *piano, tardi,* and *spesso.*

Adjective	Adverb	
tranquillo	*tranquillamente*	calm/calmly
facile	*facilmente*	easy/easily
difficile	*difficilmente*	difficulty
lento (-a)	*lentamente/piano*	slow/slowly
buono (-a)	*bene*	good/well
tardo (-a)	*tardi*	late/late
—	*spesso*	often

35

A.

1. **coda**
2. **domanda**
3. **gomma**
4. **capo**
5. **piano**

B.

1. **a) Sbaglia**
   b), c) sbagliato
   sbagliare
2. **a), b) passi**
   c) passato
   passare
3. **a) sente**
   b) sentono
   c) sentito
   sentire

TIP

Surely you have noticed that a single word often can have several meanings. *Piano* means not only *floor, story*, but also *plan* and *piano*. As an adverb, *piano* can mean both *slowly* and *softly, gently*.

Likewise, going from English into Italian, it is a good idea to expect that for a single English word there may be several Italian words. For example, the word *sheet* can refer either to a *sheet of paper* or a *bed sheet*. In this case, Italian has two different words for these concepts: *il foglio* and *il lenzuolo,* respectively. So be careful when translating English words that denote different things.

36

2. **venti meno due fa diciotto**
3. **cinquantatrè avanti Cristo**
4. **il quarto piano;** the last letter of the ordinal number is written as a superscript: *la 2ª lezione*. Note that since the ordinal number is an adjective, its ending changes according to the gender and number of the noun.
5. **Luigi quattordicesimo**
6. **un litro e mezzo**
7. **ore ventuno e quarantacinque**
8. **nel millenovecentoottantanove**
9. **il due maggio millenovocentonovantasette;** except for the first day of the month *(il primo maggio)*, cardinal numbers are used to give the date.

10. **due terzi;** fractions are formed by combining cardinal numbers with ordinal numbers. Exception: $^{1}/_{2}$ —*una mezza* or *un mezzo*
11. **due chili e mezzo**
12. **ottanta chilometri all'ora**
13. **quindici centrimetri per trenta centimetri**
14. **diciotto diviso sei fa tre**
15. **centoventicinque metri**
16. **meno dieci gradi**

➜ For more information about numbers, see QuickCheck 13.

37

1. **Incorrect**
2. **Correct**
3. **Correct**
4. **Incorrect**
5. **Incorrect**
6. **Incorrect**
7. **Incorrect**
8. **Correct**

TIP

In Italy, traffic regulations are distinctly less well obeyed than in the United States, which at first makes a chaotic impression on foreigners. After a longer stay in the country, however, the advantages also become clear. For example, you rarely encounter drivers who insist on getting their right of way in traffic. You can afford to be in the wrong now and then. If you have gotten in the wrong lane, for example, other drivers will let you change lanes quite readily.

"No parking" signs are observed particularly when a *multa* (fine) is to be expected, or when the car is subject to being towed. Such zones frequently are indicated by a special sign, *rimozione coatta.*

When you are looking for a parking place, pay attention to the color of the road markings. Blue means that there is a charge for parking in the spot.

➜ For additional words and expressions having to do with traffic, see QuickCheck 9.

38

First verse: **mi sono alzata - mi sono alzata - ho trovato**
Second verse: **portami via - portami via - mi sento**
Third verse: **muoio - muoio**
Fourth verse: **seppellire - seppellire**
Fifth verse: **passeranno - passeranno - diranno**
Sixth verse: **morto**

TIP

"Bella Ciao" is probably one of the best-known Italian folk songs. It is based on a song that was sung by the *mondine,* the women who planted rice in the Veneto region, and contained a protest against inhumane working conditions in the rice-farming sector.

The words of this song were composed during the *Resistenza,* the period of Italians' resistance to fascism in Italy (1943–1945) and the occupation of Italy by German troops. At that time many Italians joined the *partigiani* (partisans) to fight in the underground movement for the liberation of Italy. All the democratic parties in postwar Italy played an active role in the *Resistenza,* and they still profess the movement's goals and values today.

39

1. **Buongiorno, vorrei prenotare una camera.**
2. **Dal 20 al 30 giugno.**
3. **Una doppia, possibilmente con vista sul mare.**
4. **Ma non è troppa rumorosa?**
5. **E quanto costa la camera doppia?**
6. **È compresa anche la colazione?**
7. **E per la macchina?**
8. **Va bene allora prendo la camera.**
9. **Allora, Hans Berger, di Berlino...**
10. **bi - erre - gi - e - erre.**
11. **(030) 3 22 14 70**

TIP

If you want an overview of the prices and kinds of accommodations offered by some of the hotels and pensions in a certain town, province, or region, you can consult the Italian Tourist Information Office: *ENIT (Ente Nazionale Italiano per il Turismo).*

In addition, every province and every town of any size has an *ente turistico* (tourist information office), where, among other things, you can get information about inexpensive accommodations.

40

(1) decis**o**
(2) un**a** buon**a** autoradio
(3) la lor**o** macchin**a** nuov**a**
(4) scelt**o**
(5) un modell**o**
(6) abbastanz**a**
(7) costos**o**
(8) fatt**a**
(9) qualch**e** giorn**o**
(10) la brutt**a** sorpres**a**
(11) rubat**o**
(12) rassegnat**i**
(13) comprat**a**
(14) un**a** second**a**
(15) quest**a**
(16) durat**a**
(17) sparit**a**
(18) arrabbiat**a**
(19) moltissim**o**
(20) scritt**o**
(21) un bigliett**o** bell**o** grand**e**
(22) Su**o** marit**o**
(23) mess**o**
(24) ben**e**

(25) in vist**a**
(26) una fatic**a** inutil**e**
(27) in quest**a** macchin**a**
(28) la mattin**a** seguent**e**
(29) stat**i**
(30) molt**o**
(31) sorpres**i**
(32) trovat**o**
(33) al su**o** post**o**
(34) un altr**o** bigliett**o**
(35) l**a**

TIP

With verbs that use *essere* to form the *passato prossimo* (present perfect), the ending of the participle agrees in gender (masculine or feminine) and number (singular or plural) with the subject; that is, the participle ends in *-o* or *-a* if the subject is singular, and in *-i* or *-e* if it is plural: *Siamo andati/andate al cinema*—We went to the movies.

With verbs that form the perfect with *avere,* the participle changes only when preceded by a direct object in the form of the personal pronouns *la, li, le,* or *ne.* With *mi, ti, ci,* and *vi,* it is up to the speaker whether to make the change.

→ For changes in the past participle, see QuickCheck 33.

The adjective always agrees with the noun to which it refers. This does not mean that the endings of nouns and adjectives always are identical letter for letter. Rather, the ending of the adjective is influenced by the gender (masculine or feminine) and the number (singular or plural) of the noun. Only when the noun and the adjective belong to the same "ending group" are the changes parallel, as, for example, when a masculine noun ends in *-o* and the masculine form of the adjective ends in *-o:*
Il romanzo è bello. I romanzi sono belli.
La casa è bella. Le case sono belle.
La stazione è grande. Le stazioni sono grandi.
Il cortile è grande. I cortili sono grandi.

However, adjectives and nouns in particular (in the singular) do not end only in *-o, -a,* and *-e*. Feminine and masculine nouns have other endings, as do adjectives. Moreover, there are exceptions. Thus, in accordance with the endings, there are several possible combinations between nouns and adjectives. Therefore, it is not the ending that determines the combination, but, as previously mentioned, the gender and the number. For this reason it is important that whenever you learn a new noun you memorize the article at the same time, since the article clearly indicates the noun's gender. Incidentally, you can look up a word in the dictionary to see whether it is masculine or feminine. Larger dictionaries frequently give the irregular plural and feminine forms of nouns and adjectives, as well as the exceptions.

41

Se l'uomo fosse caduto nella piscina durante il temporale, l'ombrello avrebbe dovute essere ancora aperto.—If the man had fallen into the empty swimming pool during the thunderstorm, the umbrella would still be open.

42

2. le **mutande**—underpants; *le mutandine*—(ladies') panties
3. la **camicia**—shirt; *la camicetta*—blouse
4. i **pantaloncini**—shorts
5. la **gonna**—skirt; *la gonna-pantalone*—culotte(s)
6. la **giacca**—jacket; *la giacchettina*—cardigan, knitted jacket (for children or women); *il giaccone*—winter jacket
7. le **calze**—stockings; *i calzini*—(mens') socks; *le calzette*—ankle socks; *I calzettoni*—(thick) socks
8. le **scarpe**—shoes; *gli scarponi*—hiking boots
9. i **pantaloni—**pants, trousers
10. il **dentifricio**—toothpaste

11. il **rasoio**—safety razor
12. gli **occhiali da sole**—sunglasses
13. la **crema solare**—suncream
14. il **costume da bagno**—bathing suit
15. il **pallone**—soccer ball
16. la **macchina fotografica**—camera
17. il **maglione**—(heavy) sweater; *il maglioncino*—(lightweight) sweater; *la maglietta*—undershirt or T-shirt; *la maglia*—undershirt or jersey
18. le **collants**—pantyhose
19. i **sandali**—sandals

TIP

Words are easier to learn when you group them into related categories. For example, you can start with the category "clothing" and add other terms for articles of clothing to those given here, for example. Other related categories are personal grooming, objects on the beach, foods, types of transportation, character traits, and so forth. Use your textbook, a dictionary, or other sources for suggestions.

43

1. **fra;** *in* would mean that the film begins within the next half hour.
2. **siamo andati**
3. **mia;** *essere di qualcuno* in the sense "to belong to someone is used only when the owner is referred to by name or with a noun: *È la macchina di Luigi.*—The car belongs to Luigi. *La casa è dei miei genitori.*—The house belongs to my parents. If the owner is not mentioned by name or referred to with a noun, a different construction is chosen: *I libri sono suoi.*—The books belong to him. *La macchina apartiene a loro.*—The car belongs to them.
4. **bel;** when *bello* precedes the noun, the ending imitates the definite article: *bei fiori*—pretty flowers, *un bello specchio*—a pretty mirror, *begli stivali*—pretty boots, *una bell'idea*—a good idea.

5. **non lo sapevi**
6. **non comprare;** the negated imperative of the second person singular is formed with *non* + an infinitive.
   ➜ For more on the imperative, see QuickCheck 12 (formation) and QuickCheck 30 (use).
7. **ce l'ho:** when *avere* is used to mean "to possess, to have in one's possession" with the direct pronouns *l', le,* and *li*, the meaningless (in this case) *ce* is added, probably because the combination otherwise would seem too short.
8. **mentre;** here *mentre* is a conjunction; that is, it connects clauses. *Durante,* on the other hand, is used only as a preposition before nouns. *Mi sono addormentato durante lo spetlacolo.*
9. **Eccola;** *Prego!* would also be possible.
10. **Praticamente;** *practico*—I practice.
    ➜ For more on distinguishing between adverbs and adjectives, see QuickCheck 34.
11. **gli;** in contrast to English, *telefonare* takes an indirect object.
    ➜ For more on this topic, see QuickCheck 4.
12. **venderei;** in Italian the conditional consists of a single word, formed by changing the verb ending: *Non vorrei vendere la casa.*—I would not want to sell the house.
    ➜ For more on the use of the conditional, see the TIP in QuickCheck 20.

44

Amalfi, 2 l**uglio** 1996

Cara Ornella,

siamo qui da una se**tti**mana e pensiamo
dI restare f**in**o a metà luglio. Il **p**osto è
s**tupe**ndo, il tempo è un po' ins**tab**ile, e
per fortuna non **fa** tanto caldo.
Abbiamo affi**ttat**o un appartamentino
a 200 met**ri da**l mare. Claudio
og**ni** giorno va a pescare. Io sto
in spia**ggia** a **pre**ndere **il** sole.

La sera c'è sempre **qual**cosa **di** intere**ssante**: concerti, feste, sp**etta**coli teatrali... Inso**mma** proprio la **vac**anza che ci voleva dopo il **la**voro d**egli ul**timi mesi. Nei **pro**ssimi giorni cer**che**rò **di chi**amarti. Ma**ga**ri possiamo vederci s**u**bito dopo le vacanze. Intanto cari saluti

Gabriella Claudio

Ornella Cataldi
v**ia**le Regina **M**argherita, 115
00198 Roma

TIP

Stamps are available either in shops that sell postcards or in tobacco shops, where telephone cards, batteries, ballpoint pens, razor blades, shaving cream, and even salt, as well as other items, also are sold. Of course, stamps are also available from any post office.

45

1. **la mostra**—exhibition, show
   il mostro—monster
2. **sulla pianta**—on the map
   la pianta della città—city map
   il pianto—tears, weeping, crying
3. **il costo** della vita—cost of living
   la costa—coast
4. dopo **i pasti**—after meals/dinner
   il pasto—meal, food
   le paste—small pastries, small cakes
5. **le foglie**—leaves (of trees)
   i fogli—leaves (of a book), sheets (of paper)

6. **la fila**—line (of people)
   fare la fila—to stand in line
   il filo—thread
7. **un cappello**—a hat
   la cappella—chapel
   ➜ Note the difference between *cappello* and *capello* in QuickCheck 15, no. 17.
8. **nel porto**—in the port
   il porto—port
   la porta—door
9. **il saluto**—greeting, salutation
   togliere il saluto a qualcuno—to stop greeting someone
   la salute—health
10. **a tavola**—at the table
    la tavola—the set table
    il tavolo—table (as a piece of furniture)
11. **in punta** *di piedi*—on tiptoe
    la punta—point, tip, end
    il punto—the point, dot, spot
12. **il tappo**—cork, plug, stopper
    la tappa—stage, *(sports)* lap
13. **una corsa**—a race
    fare una corsa—to (run a) race
    il corso—course; studies, lessons
14. **d'oro**—made of gold
    l'oro—gold
    l'ora—hour; the time
15. **colpi**—blows
    il colpo—blow, stroke, hit
    la colpa—guilt; fault, error; blame

46

A

(1) a/per
(2) di
(3) delle
(4) da
(5) di
(6) a/ad
(7) in
(8) sotto
(9) per
(10) da

B

(1) di	**(6) da**	**(11) con**
(2) di	**(7) al**	**(12) in**
(3) dal	**(8) in**	**(13) in/sulla**
(4) di	**(9) a**	**(14) con**
(5) di	**(10) davanti alla/sulla**	**(15) di/d'**

TIP

The use of prepositions is one of the most difficult areas of Italian grammar. Correct usage is learned gradually through frequent contact with the language—by hearing and reading—rather than by memorizing rules. Therefore we recommend that you read a great deal: short stories, novellas, or short newspaper articles of an anecdotal nature (as in QuickCheck 50, for example). When you listen to Italian songs, if possible, read the song texts at the same time. Since reading is also meant to be fun, choose things that you enjoy reading and that are not too difficult. With time you will see your knowledge improve gradually—and not only where the use of prepositions is concerned.

Naturally, you also can practice the use of prepositions deliberately, by creating your own fill-in-the-blank exercises. Copy passages from textbooks, newspapers, or this book, then black out the prepositions. Wait one or two weeks, then try to reconstruct the passages.

➜ For more on the use of prepositions, see QuickCheck 27.

47

1. c	**4. a**	**7. a, c**	**10. c**
2. b, c	**5. b, c**	**8. b**	
3. b	**6. a, b**	**9. a**	

TIP

Not every Italian proverb has a corresponding English one with the same meaning, nor is a literal translation always possible. Consequently, many proverbs can only be explained or paraphrased. The proverbs given in this QuickCheck can be translated or explained as follows.

1. It never rains but pours./Never two without three.
2. Easier said than done.
3. A bird in the hand is worth two in the bush.
4. The early bird catches the worm.
5. When the cat's away, the mice will play.
6. Haste makes waste./Easy does it.
7. This means that one should confront problems early, because they cannot be avoided in the long run.
8. This means that it is better not to interfere in quarrels between husband and wife.
9. Christmas holidays should be spent with one's family, while no such obligations exist at Easter.
10. The leopard cannot change its spots.

→ For additional proverbs, see QuickCheck 24.

48

1. ne
2. Me la
3. te lo
4. fa**mmele**
5. ci
6. me/ce lo
7. la
8. glieli
9. ci
10. gli
11. te ne, mi
12. gliela or only **la**

TIP

When two pronouns are combined, the *-i* of the first pronoun changes to *-e (mi, me; ti, te,* etc.). In combinations with *gli, -e* is inserted. If the combinations precede the verb, they are written separately; if they are attached to the imperative or the infinitive, they are written as one word.

Combinations with *gli* are an exception: they are always written as one word.

➜ For more on the imperative, see QuickChecks 12 and 30.
➜ For more on pronouns, see QuickCheck 4.

49

1. la **commessa**—saleswoman
2. il **cantante**—singer
3. il **vigile**—traffic policeman;
   ➜ For more on the Italian police forces, see QuickCheck 3.
4. l'**estetista**—beautician, cosmetologist
5. l'**impiegata di banca**—bank employee
6. il **tassista**—taxi driver
7. il **medico**—physician
8. il **contadino**—farmer, peasant, countryman; in a derogatory sense, however, *il cafone,* which originally was used as a neutral term, particularly in southern Italy.

TIP

The other professions given in the box are:

l'architetto	architect
il cameriere	waiter
il cuoco	cook
l'elettricista	electrician
il farmacista	pharmacist
il giornalista	journalist
l'idraulico	plumber
l'imbianchino	(house-)painter
l'infermiera	nurse
l'insegnante	teacher (general term for teaching staff)
il macellaio	butcher
il muratore	mason
il parruchiere	hairdresser, barber
il parruchiere da donna/ da uomo	ladies'/men's hairdresser
il pilota	pilot

50

1. **False**
2. **False**
3. **True**
4. **False**
5. **False**
6. **True**
7. **False**
8. **True**
9. **False**
10. **False**
11. **True**
12. **True**
13. **False**
14. **False**

TIP

If you are interested in other stories of this kind, try reading Italian newspaper articles. Look for the heading *Cronache* in the newspaper. The major daily newspapers are *Corriere della sera* (Milano), *La Repubblica* (Rome), and *La Stampa* (Torino). They may be bought in larger cities. Most newspapers now have a website as well.

Glossary

The following definitions refer to the tests in this book. In some cases, the words also have other meanings.

QuickCheck 1

la busta	envelope
il dramma radiofonico	radio play
il portacenere	ashtray
la crisi di coppia	marital crisis
la fantascienza	science fiction

QuickCheck 2

ubbidiente	obedient
onesto	honest, honorable
pari	equal, even
opportuno	suitable, proper
la moneta	currency

QuickCheck 3

arrampicarsi	to climb, to scale
la corrente	current
il certificato di nascita	birth certificate
il soccorso pubblico d'emergenza	rescue headquarters
abbassarsi	to sink, to subside
la calamità	catastrophe, calamity
il soccorso stradale	road patrol
la guardia medica	emergency medical service
la segnalazione guasti	line fault service

QuickCheck 4

andare meglio	to walk better
essere in pensiero	to be uneasy, to worry

QuickCheck 5

pernottare	to spend the night
trattenersi	to stay, to remain
l'intenzione	intention
distare	to be distant, to be far off

QuickCheck 7

mettersi alla guida dell'auto	to get behind the wheel
assonnato	sleepy
deluso	frustrated; deluded, deceived
sdraiarsi	to lie down, to recline
concedersi	to permit oneself, to allow oneself
fare il pienzo di benzina	to fill the gas tank
fare quattro passi	to stretch one's legs, to take a stroll
dare un'occhiata a qualcosa	to glance at, to have a look at something
farsi notare	to attract notice/ attention
affannato	out of breath

QuickCheck 8

la cortesia	favor

QuickCheck 10

la metà	half

QuickCheck 12

scendere	to lower
controllare l'olio	to check the oil level
il volume	volume

QuickCheck 15

superare	to pass
insopportabile	unbearable, intolerable

QuickCheck 18

restituire	to give back
separarsi	to separate, to part
passare all'esame	to pass the test

QuickCheck 20

mangiare fuori	to eat out

QuickCheck 22

fare parte di qualcosa	to belong to something
mite	mild

la coltivazione	cultivation
la rassegna	review
svuotarsi	to lose population, empty out
affollato	crowded
registrare il tutto esaurito	to be sold out
la preparazione	preparation
il sapore	taste
seppellire	bury
l'eruzione	eruption
risalire	date back

QuickCheck 23

licenziare	to give notice, to discharge
l'attrice	actress
il deputato	deputy, member of parliament

QuickCheck 25

la melanzana	eggplant

QuickCheck 26

il discorso	talk, lecture
timido	timid
la memoria	memory
andare in giro a dire	spread around, to tell all over town
uccidere	to kill

QuickCheck 28

in tilt	out of service
sparire	to disappear
in causa	before the court, in court
derubare	to rob, to plunder
affidare	to entrust
il diritto di visita	the right to visit/have visitors
bruciare	to burn
la denuncia	charge (for a crime)
ripulire	to lighten, to relieve

QuickCheck 30

la corrente	draft
ascendere	to climb
prestare	to loan
dare una mano a qualcuno	to lend someone a hand, to be helpful to someone

QuickCheck 31

indimenticabile	unforgettable
il volontario	volunteer
l'aliscafo	hydrofoil
collegare	to connect (with one another)

QuickCheck 33

lo spettacolo	performance, show
dimagrire	to lose weight

QuickCheck 35

l'uscita	exit
muovere	to move
masticare	to chew
cancellare	to erase
sporgere	to extend
il significato	meaning
il sordomuto	deaf mute
il terremoto	earthquake

QuickCheck 39

prendere nota	to write down, to take notes

QuickCheck 40

rassegnarsi	to resign oneself

QuickCheck 41

il socio	associate, partner
la piscina	swimming pool
il temporale	thunderstorm
vuotare	to empty, to let the water run out

QuickCheck 43

trasferirsi	to move (to another house)

QuickCheck 45

inaugurare	to inaugurate
essere segnato	to be marked/ indicated
litigare	to quarrel, to dispute
sudato	sweaty
imbrogliare	to cheat, to take in
il braccialetto	bracelet
arrendersi	to surrender

QuickCheck 46

tradire	to betray
la delusione	disappointment
rientrare a casa	to come home
morire	to die
salvarsi	to save oneself, to arrive in safety
il rischio	risk
individuare	to take bearings of
la vittima	victim
entrare in azione	to take action
infilare sotto qualcosa	to lie under something
il mattone	brick
alzare	to lift, to raise
smontare	to undo, to take to pieces

QuickCheck 47

approfittare di qualcosa	to take advantage of something
arrivare lontano	to get far
il nodo	knot
rimandare	to replace
intervenire	to intervene
i pelo	fur; coat (of animals)

QuickCheck 49

lo sportello	ticket window
maneggiare qualcosa	manage, deal with something
la rapina	robbery
di seguito	continuously
la responsabilita	responsibility
la cooperativa	agricultural cooperative, the farm coop
la coltivazione biologica	organic farming

QuickCheck 50

l'autodromo	speedway
bergamasco	from Bergamo
l'effetto benefico	beneficial effect
atterrare	to land
ubriaco	drunk, inebriated
il volante	steering wheel